PATRIMONIO CULTURAL ECLESIÁSTICO
Antiguos conflictos y nuevos retos

María del Carmen Garcimartín Montero

PATRIMONIO CULTURAL ECLESIÁSTICO
Antiguos conflictos y nuevos retos

Granada, 2025

COLECCIÓN: «DERECHO CANÓNICO Y DERECHO ECLESIÁSTICO DEL ESTADO»

Directores de la colección

JOSÉ M.ª VÁZQUEZ GARCÍA-PEÑUELA

MIGUEL RODRÍGUEZ BLANCO

Publicación financiada por la Comisión Europea,
Proyecto Train To Enforce - JUST-JTRA-EJTR-AG-2018 (n.º 85438)

Polígono Juncaril
C/ Baza, parcela 208
18220 Albolote (Granada)
Tlf.: 958 465 382
https://www.comares.com • E-mail: libreriacomares@comares.com
https://www.facebook.com/comares • https://twitter.com/comareseditor
https://www.instagram.com/editorialcomares

ISBN: 978-84-1369-994-3 • Depósito legal: Gr. 1264/2025

Fotocomposición, imresión y encuadernación: Comares

SUMARIO

CAPÍTULO 3

USO DE LOS BIENES DEL PATRIMONIO ECLESIÁSTICO

CAPÍTULO 4

PATRIMONIOS ESPECIALES

INTRODUCCIÓN

El patrimonio histórico-artístico de la Iglesia católica en España constituye un testimonio fundamental de la identidad cultural y social del país. A lo largo de los siglos, la Iglesia ha desempeñado un papel central en la configuración del paisaje arquitectónico y de la riqueza artística de España, dejando un legado de incalculable valor que abarca desde catedrales y monasterios hasta retablos, esculturas y pinturas de los más insignes maestros. A ello se une el ingente patrimonio documental y bibliográfico en poder de las instituciones de la Iglesia.

Uno de los principales valores del patrimonio eclesiástico radica en su capacidad de transmitir la historia y las tradiciones a través de los siglos. Cada periodo artístico ha encontrado en la Iglesia un espacio de expresión privilegiado. La presencia de la arquitectura eclesiástica es especialmente reconocible en el paisaje rural, donde las iglesias y ermitas se erigen como hitos visuales que estructuran y dan identidad a los pueblos. En los entornos urbanos, aunque pueda resultar menos evidente debido a la modernización y el crecimiento de las ciudades, sigue formando parte indisociable de la idiosincrasia española, manifestándose en la persistencia de tradiciones, festividades y en la integración de estos monumentos en el tejido social y cultural de cada localidad.

La conservación y restauración de este patrimonio revisten una importancia crucial no solo desde el punto de vista histórico, sino también económico y turístico. Numerosos templos y monumentos eclesiásticos constituyen polos de atracción para visitantes nacionales e internacionales, generando un impacto positivo en la economía local y fomentando el desarrollo del turismo cultural[1]. No obstante, más allá de su valor artístico o económico, gran parte de estos espacios

---

[1]   La Conferencia Episcopal Española, en su última memoria anual de actividades, indica que el patrimonio cultural de la Iglesia en España genera un impacto en el PIB de 22 620 millones de

son lugares de culto, lo que constituye su razón de ser y el motivo último de su existencia y preservación, circunstancia que ha de ser considerada en cualquier intervención en este ámbito.

Resulta difícil determinar con precisión qué porcentaje del patrimonio histórico-artístico español pertenece a la Iglesia católica. La mayor parte de la doctrina maneja una cifra en torno al 80%, aunque en general no aportan fuentes que respalden esta estimación[2]. En cualquier caso, el patrimonio eclesiástico desempeña un papel fundamental en la riqueza del patrimonio español, que, a nivel europeo, únicamente es superado por el de Italia[3]. La Iglesia católica, por su parte, solo proporciona datos sobre los bienes inmuebles declarados de interés cultural, que ascienden a 3 161 de un total superior a 16 000 inscritos en el Registro de Bienes de Interés Cultural del Ministerio de Cultura[4]. No obstante, estos representan solo una pequeña fracción de su patrimonio. Las entidades eclesiásticas son titulares de numerosos bienes inmuebles con valor histórico-artístico que no han sido formalmente declarados Bienes de Interés Cultural, así como de un extenso patrimonio mobiliario que hasta la fecha no ha sido cuantificado[5]. Puede afirmarse, en cualquier caso, que más de la mitad del patrimonio cultural español es patrimonio eclesiástico, entendiendo por tal aquel que

---

euros y contribuye indirecta o indirectamente a la creación de más de 225 000 empleos. Los datos están disponibles en la página web de la Conferencia Episcopal Española.

[2] No hay una cifra oficial y actualizada sobre este porcentaje. A. Motilla señala que constituye el 80% del total del patrimonio español (MOTILLA, Agustín, *Bienes culturales de la Iglesia Católica: Legislación estatal y normativa pacticia,* en Vega Gutiérrez, Ana M. *et al.*, (coords.), «Protección del patrimonio cultural de interés religioso. Actas del V Simposio Internacional de Derecho Concordatario», Granada, Comares, 2012, p. 46; en el mismo sentido, GONZÁLEZ MORENO, Beatriz, *Los bienes culturales de interés religioso: propuestas para una reforma legislativa,* en «Anuario de Derecho Eclesiástico del Estado», vol. XII, 1996, p. 126. L. Labaca eleva ese porcentaje hasta el 90%; cfr. LABACA, Lourdes, *El patrimonio cultural de la Iglesia católica en España,* en «Revista sobre Patrimonio Cultural: Regulación, Protección Intelectual e Industrial» (RIIPAC), n. 3, 2013, pp. 53 y ss.

[3] Cfr. CABALLERO, Rafael, *Títulos constitucionales y técnicas administrativas de intervención del Estado en el patrimonio histórico-artístico de titularidad eclesiástica,* en Roca, M. José y Godoy, Olaya, (coords.), «Patrimonio histórico-artístico de la Iglesia Católica. Régimen jurídico de su gestión y tutela», Valencia, Tirant lo Blanch, 2018, p. 177.

[4] Vid. la Memoria Anual de Actividades de la Iglesia Católica en España 2023, disponible en la página web de la Conferencia Episcopal Española. Esta memoria ofrece otros datos significativos sobre el alcance del patrimonio de la Iglesia: existen más de quinientos municipios en los que el único Bien de Interés Cultural, la máxima categoría de protección que contempla la Ley de Patrimonio Histórico Español, es la iglesia del emplazamiento. Asimismo, de los 44 bienes culturales españoles declarados Patrimonio Mundial de la Humanidad por la UNESCO, la mitad cuenta con una presencia significativa de las entidades de la Iglesia. Vid. otros datos en la memoria citada.

[5] El Registro de Bienes de Interés Cultural, en su sección de bienes muebles, contiene más de 45 000 asientos, aunque la página web del Registro indica que para obtener información actualizada es preciso consultar también los registros de las Comunidades Autónomas. No es posible saber cuántos de estos bienes son eclesiásticos porque entre los datos accesibles al público no figura su titularidad.

pertenece a entidades de la Iglesia y que está destinado a fines religiosos. A pesar del proceso de secularización que ha experimentado España, sigue constituyendo una parte sustancial de su cultura y riqueza histórica.

La magnitud del patrimonio eclesiástico no demanda por sí sola su consideración como una categoría diferenciada. La normativa española vigente adopta un principio de protección universal del patrimonio, independientemente de su titularidad, ya sea pública o privada. Además, la religión es un componente de la cultura, entendida esta como el conjunto de conocimientos, costumbres y modos de vida de una sociedad en un momento histórico determinado. En este sentido, el patrimonio cultural incluye los bienes religiosos dentro de su acervo general. Lo que justifica un tratamiento particular del patrimonio eclesiástico no es su volumen, sino su función primordial: estos bienes están destinados, primariamente, al ejercicio de la libertad religiosa, por lo que su valor cultural debe armonizarse con esta finalidad principal. Esta particularidad tiene implicaciones relevantes, que requieren, si no un marco normativo específico, al menos ciertas disposiciones singulares en su tratamiento jurídico.

Históricamente, el patrimonio histórico-artístico eclesiástico encontró su protección natural en el Derecho canónico. La intervención de las autoridades civiles fue inicialmente excepcional, aunque ya en la Edad Media existen referencias a la preocupación por la conservación de estos bienes[6]. Destaca en este sentido la legislación de Alfonso X el Sabio, en particular las Partidas, que regulaban los inmuebles y objetos de culto, y el Fuero Real, que prohibía a obispos y abades vender bienes de sus iglesias y a los nobles incluir objetos de valor en sus enterramientos[7].

El cambio de paradigma en la protección del patrimonio cultural se produjo en siglo XVIII en toda Europa, como consecuencia de las corrientes ilustradas. España, siguiendo la tendencia europea, adoptó una política intervencionista, en su concepción moderna de limitación de los derechos de propiedad y correlativos deberes de policía, que afectó a los bienes de la Iglesia. La intervención se intensificó en el siglo XIX, pero las limitaciones impuestas a la transmisión de los bienes de la Iglesia no se aplicaron a los propietarios privados. Como consecuencia, una cantidad significativa de bienes de valor histórico-artístico en posesión de las entidades de la Iglesia acabó en manos privadas tras la desamortización de Mendizábal, sin que estos bienes fueran nunca restituidos. Esto supuso una merma muy notable del patrimonio de la Iglesia, con efectos que perduran hasta hoy[8].

---

[6]   Cfr. García Fernández, Javier, *Estudios sobre el Derecho del Patrimonio Histórico,* Madrid, Fundación Registral - Colegio de Registradores de España, 2008, pp. 104 y ss.

[7]   Cfr. *Nota de autor* del Código de Patrimonio cultural de las Administraciones Públicas, BOE, edición de octubre 2024, p. 1.

[8]   Cfr. Motilla, Agustín, *Bienes culturales de la Iglesia Católica: Legislación estatal y normativa pacticia, op. cit.,* pp. 46-47.

La Constitución de 1931 otorgó rango constitucional a la protección del patrimonio cultural por primera vez en la historia de España. Igualmente, incorporó el principio de tutela de los bienes con independencia de su titularidad, lo que supuso la sujeción de los bienes de la Iglesia al mismo régimen que el resto del patrimonio[9]. Este principio fue desarrollado por la Ley de 13 de mayo de 1933 y su Reglamento de 16 de abril de 1936, vigentes hasta la aprobación de la legislación actual, así como por diversas normas sectoriales que regularon aspectos concretos del patrimonio histórico-artístico. La Ley de 1933 es el antecedente inmediato de la vigente Ley de 1985, de la que toma algunos preceptos esenciales, especialmente los relativos a la limitación de la enajenación de bienes de la Iglesia[10].

El patrimonio histórico-artístico eclesiástico afronta actualmente retos de diversa naturaleza, unos comunes a todo el patrimonio y otros específicos del patrimonio de la Iglesia. Uno de los primeros temas pendientes tiene su origen en el propio texto constitucional; la armonización de la normativa estatal y autonómica aparece cada vez más como condición necesaria para una adecuada protección del patrimonio. La compatibilidad de los usos religiosos y culturales es una cuestión planteada también desde la aprobación de la legislación vigente, aunque en el contexto actual se advierten elementos que, asimismo, influyen en esta dicotomía. Sin pretensión de exhaustividad, pueden mencionarse, por una parte, la creciente sensibilidad sobre el valor del patrimonio histórico-artístico como elemento identitario, y el consiguiente derecho de acceso a la cultura común[11]. Por otra parte, el proceso de secularización y su proyección sobre el futuro del patrimonio eclesiástico generan incertidumbres que habrán de resolverse teniendo en cuenta los distintos intereses concurrentes. Todo ello, en un entorno dinámico, en el que aspectos como la participación ciudadana, la transparencia y la sostenibilidad se han convertido en criterios fundamentales para la formulación de políticas de protección y promoción del patrimonio cultural.

---

[9]   Artículo 45: «Toda la riqueza artística e histórica del país, sea quien fuere su dueño, constituye tesoro [sic] cultural de la Nación y estará bajo la salvaguardia del Estado, que podrá prohibir su exportación y enajenación y decretar las expropiaciones legales que estimare oportunas para su defensa. El Estado organizará un registro de la riqueza artística e histórica, asegurará su celosa custodia y atenderá a su perfecta conservación. El Estado protegerá también los lugares notables por su belleza natural o por su reconocido valor artístico o histórico».

[10]   Sobre el impacto de la legislación republicana en el patrimonio eclesiástico, vid. MOTILLA, Agustín, *Bienes culturales de la Iglesia Católica: Legislación estatal y normativa pacticia, op. cit.,* pp. 48 y ss., y bibliografía de referencia.

[11]   A nivel mundial, la UNESCO entiende que las Convenciones sobre patrimonio aprobadas en su seno contribuyen a dar respuesta a los desafíos propios de nuestra época, entre los que incluye el cambio climático, la urbanización acelerada, el turismo masivo, el desarrollo socioeconómico sostenible y los desastres naturales. Información disponible en la página web de la UNESCO.

Capítulo I

NORMATIVA SOBRE PATRIMONIO CULTURAL

1. Derecho Internacional y Europeo

Tradicionalmente, el Derecho internacional relativo al patrimonio histórico-artístico respondía a la preocupación por evitar el expolio y el tráfico ilícito de bienes de valor histórico y cultural, en el marco del principio fundamental de respeto de la soberanía de los Estados. Esta tendencia, que emerge tras la I Guerra Mundial, tuvo como primer hito significativo la Carta de Atenas de 1931 para la restauración de monumentos artísticos e históricos, adoptada en la I Conferencia Internacional de arquitectos y técnicos de monumentos históricos. No obstante, la protección internacional del patrimonio debe analizarse en el contexto de una nueva funcionalidad del Derecho internacional contemporáneo, que busca la protección de intereses colectivos que trascienden las fronteras y requieren instrumentos adecuados[1]. A este principio responde la actual inquietud por la destrucción del patrimonio cultural en países inmersos en conflictos bélicos y la regulación de las funciones de las fuerzas armadas en esos territorios.

La Ley de Patrimonio Histórico Español establece en su preámbulo que uno de los factores determinantes para su aprobación fue la creciente sensibilidad de la comunidad internacional acerca de la necesidad de preservar el patrimonio histórico y cultural. Esta solicitud ha dado lugar al desarrollo de nuevos criterios de protección y promoción de los bienes culturales que han quedado plasmados en diversas convenciones y recomendaciones suscritas por España. No obstante, la normativa interna del país no se encontraba plenamente alineada con dichos instrumentos internacionales, cuyos contenidos se han incorporado, en su mayor parte, a la normativa vigente[2].

---

[1] Cfr. González Moreno, Beatriz, *El patrimonio cultural en el Derecho europeo,* en «Derecho y Religión», n. XV, 2010, p. 28.

[2] Cfr. *Nota de autor* del Código de Patrimonio Cultural de las Administraciones Públicas, cit., p. 6.

En este sentido, resulta fundamental analizar el marco jurídico internacional y europeo en materia de patrimonio histórico-artístico, con el propósito de comprender el alcance y la efectividad de la protección establecida en el ordenamiento jurídico español.

A. UNESCO

La UNESCO, fundada el 16 de noviembre de 1945, tiene como objetivo fundamental conseguir el establecimiento de la paz mediante la cooperación internacional en los ámbitos de la educación, la ciencia, la cultura, la comunicación y la información. Su acción cultural comprende, entre otros retos, la preservación del patrimonio y la protección de la cultura en situación de crisis. Precisamente el primer texto de la UNESCO sobre el patrimonio cultural fue la Convención para la Protección de los Bienes Culturales en Caso de Conflicto Armado, adoptada en La Haya en 1954 y ratificada por España en 1960[3]. La génesis de este documento se encuentra en la destrucción generalizada del patrimonio cultural durante la II Guerra Mundial; es el primer tratado internacional con vocación mundial dedicado a la protección del patrimonio cultural en caso de conflicto armado[4].

De la Convención de la Haya pueden destacarse dos aspectos más directamente relacionados con el tema del patrimonio eclesiástico. Es el primer texto internacional que utiliza el término jurídico de bien cultural, que desde entonces se extenderá a otros instrumentos. Además, adopta una concepción universal de los bienes culturales, incluyendo tanto los públicos como los privados, y, por tanto, también los bienes de entidades religiosas, a los que se refiere expresamente el artículo 1 al mencionar, dentro del ámbito de aplicación de la Convención, los bienes religiosos y seculares, cualquiera que sea su origen y propietario[5]. La

---

[3]   Instrumento de ratificación de 7 de julio de 1960, BOE de 24 de noviembre de 1960.

[4]   La Convención fue adoptada al mismo tiempo que un Protocolo (al que España se adhirió mediante Instrumento de 1 de junio de 1992, BOE de 25 de julio de 1992) destinado a prevenir la exportación de bienes culturales de un territorio ocupado durante un conflicto armado. La destrucción de bienes culturales con motivo de los conflictos que tuvieron lugar durante los años 80 y 90 del pasado puso de manifiesto la necesidad de introducir mejoras en el sistema de protección de los bienes culturales, por lo que en 1999 se aprobó un segundo Protocolo a la Convención de La Haya, ratificado por España en 2001 (Instrumento de ratificación de 21 de junio de 2001, BOE de 30 de marzo de 2004). Cfr. *Nota de autor* del Código de Patrimonio Cultural de las Administraciones Públicas, cit., p. 9.

[5]   El artículo 1 de la Convención dice lo siguiente: «Para los fines de la presente Convención, se considerarán bienes culturales, cualquiera que sea su origen y propietario: a) los bienes, muebles o inmuebles, que tengan una gran importancia para el patrimonio cultural de los pueblos, tales como los monumentos de arquitectura, de arte o de historia, religiosos o seculares, los campos arqueológicos, los grupos de construcciones que por su conjunto ofrezcan un gran interés histórico o artístico, las obras de arte, manuscritos, libros y otros objetos de interés histórico, artístico o arqueológico, así como las colecciones científicas y las colecciones importantes de libros, de archivos o de reproducciones de los

Convención, a pesar de su pretensión de ser un instrumento universal de protección del patrimonio, ha tenido una utilidad limitada, ya que no ha impedido la destrucción de bienes patrimoniales de gran valor en conflictos bélicos ocurridos desde su adopción[6], como los que han tenido lugar en el Medio Oriente en las últimas décadas.

Unos años después de la Convención de la Haya se aprobó en París la Convención de 1970 sobre las medidas que deben adoptarse para prohibir e impedir la importación, la exportación y la transferencia de propiedad ilícitas de bienes culturales[7]. La Convención contiene una serie de disposiciones de carácter preventivo, como la obligación de elaborar inventarios, la adopción de certificados de exportación, el establecimiento de medidas de control y aprobación de los comerciantes de bienes culturales, etc. Dispone también, en el contexto de la cooperación internacional, la obligación de los Estados parte de decomisar y restituir los bienes robados, previo pago de una indemnización a los adquirentes de buena fe o poseedores legales[8]. Es interesante destacar del texto de esta Convención que considera bienes culturales los objetos que, por razones religiosas o profanas, hayan sido expresamente designados

---

bienes antes definido. b) los edificios cuyo destino principal y efectivo sea conservar o exponer los bienes culturales muebles definidos en el apartado a), tales como los museos, las grandes bibliotecas, los depósitos de archivos, así como los refugios destinados a proteger en caso de conflicto armado los bienes culturales muebles definidos en el apartado a); c) los centros que comprendan un número considerable de bienes culturales definidos en los apartados a) y b), que se denominarán "centros monumentales"».

[6]   Cfr. GUTIÉRREZ DEL MORAL, M. Jesús, *Otras normas internacionales sobre el patrimonio cultural de las confesiones religiosas,* en Vega Gutiérrez, Ana M. *et al.* (coords.), «Protección del patrimonio cultural de interés religioso. Actas del V Simposio Internacional de Derecho Concordatario», Granada, Comares, 2012, p. 23.

[7]   Fue ratificada por España mediante Instrumento de 13 de diciembre de 1985, BOE de 5 de febrero de 1986.

[8]   Artículo primero: «Para los efectos de la presente Convención se considerarán como bienes culturales los objetos que, por razones religiosas o profanas, hayan sido expresamente designados por cada Estado como de importancia para la arqueología, la prehistoria, la historia, la literatura, el arte o la ciencia y que pertenezcan a las categorías enumeradas a continuación: (…) b) los bienes relacionados con la historia, con inclusión de la historia de las ciencias y de las técnicas, la historia militar y la historia social, así como con la vida de los dirigentes, pensadores, sabios y artistas nacionales y con los acontecimientos de importancia nacional; c) el producto de las excavaciones (tanto autorizadas como clandestinas) o de los descubrimientos arqueológicos; d) los elementos procedentes de la desmembración de monumentos artísticos o históricos y de lugares de interés arqueológico; e) antigüedades que tengan más de 100 años, tales como inscripciones, monedas y sellos grabados; f) el material etnológico; g) los bienes de interés artístico (…) h) manuscritos raros e incunables, libros, documentos y publicaciones antiguos de interés especial (histórico, artístico, científico, literario, etc.) sueltos o en colecciones; (…) j) archivos, incluidos los fonográficos, fotográficos y cinematográficos; k) objetos de mobiliario que tengan más de 100 años e instrumentos de música antiguos».

por cada Estado como de importancia para la arqueología, la prehistoria, la historia, la literatura, el arte o la ciencia y que pertenezcan a una de las categorías que enumera.

En 1972 se aprobó la Convención para la protección del Patrimonio Mundial, Cultural y Natural[9], revisada en 1992. Esta Convención introdujo el concepto de Patrimonio de la Humanidad, inaugurando el sistema de listas[10], seguido después en otros foros de protección del patrimonio. Dentro del pleno respeto a la soberanía estatal y a los derechos reales sobre los bienes del patrimonio, a los que específicamente se refiere la Convención, los Estados firmantes reconocen que el patrimonio cultural y natural es de carácter universal, por lo que toda la comunidad internacional debe cooperar en su protección[11]. Aunque no se citan expresamente los bienes religiosos, están sin duda incluidos en el ámbito de la Convención. De hecho, la idea de proteger el patrimonio mundial a nivel internacional —y la propia aprobación de la Convención de 1972—, surge vinculada a la conservación de una serie de monumentos religiosos: los templos y otras construcciones que iban a resultar afectadas por la construcción de la presa de Asuán, en Egipto. La campaña promovida por la UNESCO evitó la destrucción de este patrimonio, trasladándolo a lugares seguros. Existe, además, un número significativo de bienes religiosos declarados Patrimonio de la Humanidad[12].

Más de cincuenta años después de la aprobación de esta Convención, los desafíos que afronta la conservación del patrimonio mundial son, si cabe, más acuciantes. El tráfico ilícito encuentra actualmente un poderoso aliado en internet, ya que la red favorece el anonimato. La UNESCO colabora con la Interpol en la persecución de estas actividades, alertando a los Estados sobre el incremento del tráfico ilícito de bienes culturales por este medio. No se ha adoptado, sin embargo, ningún instrumento o protocolo adicional a la Convención de 1972 que aborde específicamente esta amenaza al patrimonio mundial[13].

La Convención de la UNESCO sobre protección del patrimonio cultural subacuático, adoptada en 2001[14], podría parecer, en principio, irrelevante para el patrimonio eclesiástico. No obstante, existen situaciones en que esta Convención

---

[9]   Fue aceptada por España por Instrumento de 18 de marzo de 1982, BOE de 1 de julio de 1982.

[10]   Cfr. *Nota de autor* del Código de Patrimonio Cultural de las Administraciones Públicas, cit., p. 9.

[11]   Cfr. artículo 6.1 de la Convención.

[12]   España tiene actualmente 50 lugares reconocidos como Patrimonio de la Humanidad. De ellos, diez son específicamente religiosos, y otros contienen elementos de esta naturaleza, como sucede en los casos en que se reconoce como Patrimonio de la Humanidad todo un casco histórico o conjunto monumental que comprende iglesias u otros edificios religiosos.

[13]   La UNESCO, en colaboración con la Interpol y el ICOM (Consejo Internacional de Museos), aprobaron unas directrices sobre los bienes culturales que se ponen a la venta en internet, pero que no tienen más eficacia que la de una simple recomendación.

[14]   Fue ratificada por España mediante Instrumento de ratificación de 25 de mayo de 2005, BOE de 5 de marzo de 2009.

se aplica o se podría aplicar a bienes eclesiásticos. Es el caso de las imágenes religiosas sumergidas en el mar que se encuentran en algunas poblaciones del litoral de España[15]. Estas imágenes se hallan colocadas en fondos marinos próximos a la costa; es tradicional honrarlas bajo el agua por submarinistas o llevarlas a la superficie en el día de la fiesta de la localidad. Tales representaciones formarán parte del patrimonio subacuático una vez alcancen la antigüedad de cien años prevista en la Convención[16]. También cabe la posibilidad de que aparezcan bienes religiosos, como estatuas u objetos litúrgicos, entre los restos de un naufragio, o que un antiguo edificio religioso esté situado en un terreno inundado por un embalse. Estos, y otros ejemplos de bienes eclesiásticos subacuáticos, se encuentran dentro del ámbito de protección de la Convención de 2001.

Finalmente, pueden citarse otras dos Convenciones en el ámbito de la UNESCO relativas al patrimonio: la Convención para la Salvaguardia del Patrimonio Cultural Inmaterial, de 2003, ratificada por España en 2006[17], y la Convención de 2005 sobre la Protección y la Promoción de la Diversidad de las Expresiones Culturales[18], que pueden incidir también sobre el patrimonio eclesiástico, aunque, como se verá, la primera tiene un mayor impacto sobre estos bienes.

B. **UNIDROIT**

El Instituto Internacional para la Unificación del Derecho Privado (UNIDROIT) es una organización intergubernamental que tiene por finalidad estudiar las necesidades y los métodos de actualización, armonización y coordinación del Derecho privado y formular instrumentos, principios y normas de Derecho uniforme para alcanzar dichos objetivos. Aunque no está directamente relacionada con el patrimonio, es oportuno citar esta organización por la relevancia que alcanzó el Convenio que promovió en 1995 sobre bienes culturales robados o exportados ilegalmente[19]. Se considera un texto complementario de la Convención de la UNESCO de 1970. Una de las disposiciones del Convenio, en opinión de algunos autores la más importante, es que el poseedor de un bien

---

[15] Estas imágenes, generalmente representaciones de la Virgen del Carmen, se encuentran en Cudillero, Valencia, Bermeo, Ribadeo, Algeciras y Cádiz, entre otras poblaciones.

[16] El artículo 1 entiende por patrimonio subacuático «todos los rastros de existencia humana que tengan un carácter cultural, histórico o arqueológico, que hayan estado bajo el agua, parcial o totalmente, de forma periódica o continua, por lo menos durante 100 años».

[17] Se hará referencia más detallada a esta Convención en el apartado relativo al patrimonio cultural inmaterial.

[18] Ratificada por España mediante Instrumento de 25 de octubre de 2007, BOE de 12 de febrero de 2007.

[19] El Convenio fue adoptado en Roma el 24 de junio de 1995. España se adhirió al Convenio por Instrumento de 30 de septiembre de 2002, BOE de 16 de octubre de 2002.

robado deberá en todos los casos restituirlo[20]. Se regula una acción de restitución o reclamación para la devolución de los bienes robados y exportados ilegalmente. Aunque la acción está sometida a un plazo de prescripción, en el caso de España es imprescriptible por disposición de la Ley de Patrimonio Histórico Español[21]. Reconoce, además, un derecho de indemnización al poseedor de buena fe.

C. Unión Europea

El patrimonio histórico-artístico, y de manera más genérica la cultura, no entraban dentro del ámbito de actuación de la Comunidad Económica Europea, creada en 1957 con una orientación exclusivamente económica. El artículo 36 del Tratado de Roma, constitutivo de la Comunidad, era el único que hacía referencia al patrimonio. Disponía que la protección del patrimonio artístico, histórico o arqueológico nacional justificaba el establecimiento de prohibiciones o restricciones a la libre circulación de mercancías, ya se tratara de exportaciones, importaciones o mero tránsito[22]. Este precepto pone de manifiesto la singularidad de estos bienes, hasta el punto de justificar una excepción a un principio básico de la Comunidad Económica Europea.

La Comunidad Económica Europea evolucionó ampliando sus competencias más allá del ámbito económico hasta convertirse en la actual Unión Europea[23]. Aunque la cultura no haya sido el motor del cambio, puede desempeñar un papel relevante en la consolidación del proyecto europeo[24]. La cultura, incluyendo el patrimonio histórico-artístico como parte de ella, ha encontrado su lugar en un Derecho europeo que continúa expandiéndose a nuevos ámbitos. No obstante, su impacto en la regulación del patrimonio sigue siendo limitado como consecuencia del principio de subsidiariedad. El Tratado de Funcionamiento de la Unión Europea dedica el título XIII de la tercera parte (sobre las bases jurídicas de las políticas de la Unión Europea y las acciones internas) a la cultura, lo que pone de manifiesto que, en lo sucesivo, ya no se podrá prescindir del Derecho europeo en el estudio

---

[20]   Cfr. *Nota de autor* del Código de Patrimonio Cultural de las Administraciones Públicas, cit., p. 11.

[21]   Cfr. artículos 28 y 29 de la Ley de Patrimonio Histórico Español.

[22]   El Tratado hablaba de «*protection des trésors nationaux ayant une valeur artistique, historique ou archéologique*», y en todo caso prohibía que estas restricciones fueran un medio de discriminación o una restricción encubierta al libre comercio de los Estados miembros.

[23]   Puede verse una evolución del Derecho europeo en el ámbito de la cultura desde el inicio de la Comunidad Económica Europea hasta la actualidad en GARCÍA FERNÁNDEZ, Javier, *Estudios sobre el Derecho del Patrimonio Histórico, op. cit.,* pp. 248 y ss.

[24]   Precisamente Jean Monnet, uno de los principales inspiradores de la integración europea, afirmaba que, si pudiese comenzar una vez más, iniciaría Europa con la cultura y no con la economía. Citado en GONZÁLEZ MORENO, Beatriz, *El patrimonio cultural en el Derecho europeo, op. cit.*, p. 28.

del patrimonio[25]. Cual sea su alcance, y qué relevancia práctica tiene en la regulación estatal sobre patrimonio histórico-artístico es un tema distinto, que requiere un estudio más detallado.

El marco jurídico europeo sobre patrimonio está constituido, en primer lugar, por diversas declaraciones y artículos del Tratado de la Unión Europea (TUE) y del Tratado de Funcionamiento de la Unión Europea (TFUE), que constituyen el Derecho primario. El TUE hace referencia en su preámbulo a la herencia cultural, religiosa y humanista de Europa, a partir de la cual se han desarrollado los valores universales de los derechos inviolables e inalienables de la persona, así como la libertad, la democracia, la igualdad y el Estado de Derecho[26]. También en el preámbulo se pone de manifiesto la voluntad de la Unión Europea de acrecentar la solidaridad entre los pueblos de Europa, pero respetando su historia, su cultura y sus tradiciones. El articulado del TUE aborda la cultura y el patrimonio en el artículo 3, disponiendo que la Unión «respetará la riqueza de su diversidad cultural y lingüística y velará por la conservación y el desarrollo del patrimonio cultural europeo».

El artículo 167 del TFUE es más explícito con respecto a la cultura y el patrimonio, aunando unidad y diversidad. Por una parte, afirma que la Unión Europea contribuirá al florecimiento de las culturas de los Estados miembros, dentro del respeto de su diversidad nacional y regional, poniendo de relieve al mismo tiempo el patrimonio cultural común. Por otra parte, señala que la Unión Europea favorecerá la cooperación entre los Estados miembros y completará y apoyará la acción de estos en la conservación y protección del patrimonio cultural de importancia europea[27]. Estas

---

[25]   El Tratado de la Unión Europea y el Tratado de Funcionamiento de la Unión Europea, que son los tratados primarios y la base del Derecho europeo, aportan una dimensión más política a la integración europea, que excede de la mera creación de un mercado único. Vid. una explicación más detallada de las funciones de estos Tratados en la *Introducción* al TFUE realizada por la propia UE y disponible en URL: http://eur-lex.europa.eu [13-05-2025].

[26]   La versión consolidada de este Tratado puede consultarse en la página web del Boletín Oficial del Estado, URL: https://www.boe.es [13-05-2025]. Es bien conocida la polémica que generó el texto del preámbulo por la falta de referencia al cristianismo, sustituido este término, en la versión definitiva del Tratado, por el más genérico de *religiosa*.

[27]   El texto completo del artículo 167 es el siguiente: «1. La Unión contribuirá al florecimiento de las culturas de los Estados miembros, dentro del respeto de su diversidad nacional y regional, poniendo de relieve al mismo tiempo el patrimonio cultural común. 2. La acción de la Unión favorecerá la cooperación entre Estados miembros y, si fuere necesario, apoyará y completará la acción de éstos en los siguientes ámbitos: la mejora del conocimiento y la difusión de la cultura y la historia de los pueblos europeos, la conservación y protección del patrimonio cultural de importancia europea, los intercambios culturales no comerciales, la creación artística y literaria, incluido el sector audiovisual. 3. La Unión y los Estados miembros fomentarán la cooperación con los terceros países y con las organizaciones internacionales competentes en el ámbito de la cultura, especialmente con el Consejo de Europa. 4. La Unión tendrá en cuenta los aspectos culturales en su actuación en virtud de otras disposiciones del presente Tratado, en particular a fin de respetar y fomentar la diversidad de sus culturas. 5. Para contribuir

normas se complementan con el artículo 22 de la Carta de Niza, de los Derechos Fundamentales de la Unión Europea, que muy escuetamente señala que la Unión respeta la diversidad cultural, religiosa y lingüística[28].

La exégesis de estos artículos, en cuanto se refiere al patrimonio histórico-artístico religioso, plantea dos cuestiones básicas. La primera tiene que ver con la noción de patrimonio cultural europeo, reiterada en ambos Tratados. A falta de un concepto legal, parece que esta expresión debe ser referida al conjunto de los patrimonios de los Estados miembros. Ciertamente, los Estados se hallan integrados en la realidad supranacional de la Unión Europea, pero esta se muestra sumamente respetuosa con la diversidad cultural y con la acción de los Estados miembros en el ámbito de la cultura, calificando la intervención de la Unión Europea como de complemento y apoyo de las actuaciones de los Estados[29]. En definitiva, nos encontramos ante una manifestación del principio de subsidiariedad, que no contempla, al menos en la situación actual, la armonización de las normativas estatales sobre patrimonio cultural. Por consiguiente, cada Estado es soberano para delimitar qué bienes conforman su patrimonio histórico-artístico y para adoptar las medidas de protección que considere adecuadas.

La segunda cuestión se refiere a la competencia de la Unión Europea sobre el patrimonio histórico-artístico religioso. En este caso, es necesario traer a colación el artículo 17 del TFUE, donde se afirma que la Unión respeta el estatuto interno de las confesiones religiosas en cada Estado[30]. De una manera implícita, esta expresión determina que la regulación del patrimonio histórico-artístico religioso pertenece al Derecho interno.

Los artículos 34 y 35 del TFUE recogen la prohibición de restringir la libre circulación de productos en el territorio de la Unión, que ya contenía el Tratado original de la Comunidad Económica Europea. Se mantiene también la excepción a esta restricción por distintas razones, entre las que se incluye la protección del patrimonio artístico, histórico o arqueológico nacional[31].

---

a la consecución de los objetivos del presente artículo: el Parlamento Europeo y el Consejo, con arreglo al procedimiento legislativo ordinario y previa consulta al Comité de las Regiones, adoptarán medidas de fomento, con exclusión de toda armonización de las disposiciones legales y reglamentarias de los Estados miembros; el Consejo adoptará, a propuesta de la Comisión, recomendaciones».

[28]   Reconoce también el derecho de las personas mayores a participar en la vida cultural (artículo 25).

[29]   Para un mayor desarrollo del sentido del patrimonio cultural europeo vid. GARCÍA FERNÁNDEZ, Javier, *Estudios sobre el Derecho del Patrimonio Histórico, op. cit.*, pp. 250 y ss.

[30]   Artículo 17 del TFUE: «1. La Unión respetará y no prejuzgará el estatuto reconocido en los Estados miembros, en virtud del Derecho interno, a las iglesias y las asociaciones o comunidades religiosas. 2. La Unión respetará asimismo el estatuto reconocido, en virtud del Derecho interno, a las organizaciones filosóficas y no confesionales. 3. Reconociendo su identidad y su aportación específica, la Unión mantendrá un diálogo abierto, transparente y regular con dichas iglesias y organizaciones».

[31]   Cfr. artículo 36 del TFUE. La competencia para definir el alcance de esta excepción corresponde a los Estados.

En lo que respecta al Derecho derivado, no se han adoptado instrumentos legislativos específicos en materia de patrimonio[32]. No obstante, dado que el patrimonio histórico-artístico constituye un componente esencial de la cultura, deben considerarse las disposiciones normativas que se dicten en dicho ámbito, y que pueden clasificarse en medidas orientadas a la protección frente al expolio y la exportación ilegal, y medidas destinadas a la promoción y difusión de la cultura.

Por lo que se refiere al primer aspecto, el Reglamento del Consejo 116/2009, de 18 de diciembre de 2008, regula la exportación de bienes culturales, garantizando el control uniforme de las exportaciones de bienes culturales fuera del territorio aduanero de la Unión[33]. Estas exportaciones necesitan una autorización de la autoridad competente del Estado miembro correspondiente, que podrá ser denegada cuando los bienes estén amparados por la legislación interna de protección del patrimonio nacional de valor artístico, histórico o arqueológico. En materia de restitución de bienes culturales que hayan salido de forma ilegal del territorio de un Estado miembro hay que citar la Directiva 2014/60/UE, del Parlamento Europeo y del Consejo de 15 de mayo, traspuesta al ordenamiento jurídico español mediante la Ley 1/2017, de 18 de abril[34]. Esta Ley precisa que se entenderá por bienes de interés cultural los que pertenezcan a alguna de las categorías que se relacionan en la Ley de Patrimonio Histórico Español de 1985 y en la normativa autonómica sobre patrimonio histórico o cultural; pero, además, menciona los bienes «incluidos en inventarios de instituciones eclesiásticas» como una categoría distinta de los protegidos por la Ley de Patrimonio Histórico Español[35]. Esta mención resulta, cuando menos, sorprendente.

---

[32] Se exceptúan las normas sobre materias que son competencia de la Unión Europea, como el citado artículo 36 del TFUE.

[33] Cfr. Reglamento (CE) n. 116/2009 del Consejo, de 18 de diciembre de 2008, relativo a la exportación de bienes culturales. Este Reglamento sustituye al antiguo Reglamento (CE) n. 3911/1992 del Consejo, de 9 de diciembre de 1992.

[34] Ley 1/2017, de 18 de abril, sobre restitución de bienes culturales que hayan salido de forma ilegal del territorio español o de otro Estado miembro de la Unión Europea, por la que se incorpora al ordenamiento español la Directiva 2014/60/UE, del Parlamento Europeo y del Consejo de 15 de mayo de 2014, BOE de 19 de abril de 2017.

[35] Artículo 2: «A efectos de la presente ley, se entenderá por: 1.º "Bien cultural": aquel que a) Esté clasificado, antes o después de haber salido de forma ilegal del territorio de un Estado miembro de la Unión Europea, como "patrimonio artístico, histórico o cultural", con arreglo a la legislación estatal o regional o a procedimientos administrativos nacionales en el marco del artículo 36 del Tratado de Funcionamiento de la Unión Europea. b) Se encuentre incluido en inventarios de instituciones eclesiásticas, forme parte de colecciones públicas, o pertenezca a alguna de las categorías que se relacionan en la Ley 16/1985, de 25 de junio, del Patrimonio Histórico Español, en las leyes que en materia de patrimonio histórico o cultural han aprobado las comunidades autónomas en el ejercicio de su competencia, en el Reglamento (CE) n. 116/2009 del Consejo, de 18 de diciembre de 2008, relativo a la exportación de bienes culturales, sea su titularidad pública o privada, o en la propia Directiva 2014/60/UE del Parlamento Europeo y del Consejo, de 15 de mayo de 2014,

La Ley de Patrimonio Histórico Español es aplicable a todos los bienes que tengan un valor histórico, artístico o cultural, independientemente de su titularidad pública o privada. En consecuencia, los bienes eclesiásticos con valor cultural ya están comprendidos en las categorías de la Ley. No es fácil identificar, por tanto, qué bienes incluidos en inventarios de instituciones eclesiásticas no estarían sujetos a la Ley de Patrimonio Histórico Español, pero sí quedarían dentro del ámbito de aplicación de la Ley 1/2017. Tal como está redactada esta última, parece extenderse a cualquier bien inventariado por una institución eclesiástica, tenga o no valor cultural, lo que supondría una contradicción con el espíritu de la norma[36].

Respecto a la difusión y promoción del patrimonio histórico-artístico, debe hacerse referencia al Reglamento 2021/818, del Parlamento y del Consejo, por el que se establece el Programa Europa Creativa, que es el programa insignia de la Unión Europea en materia cultural 2021-2027[37]. Este programa tiene dos objetivos generales: primero, la salvaguarda, el desarrollo y la promoción de la diversidad cultural y lingüística y el patrimonio cultural y lingüístico europeos; segundo, el incremento de la competitividad y el potencial económico de los sectores cultural y creativo, en particular el sector audiovisual. Para conseguirlo establece tres líneas de actuación, con la consiguiente dotación presupuestaria. La primera de ellas, sobre cultura, señala como una de sus prioridades «promover la resiliencia de las sociedades e impulsar la inclusión social y el diálogo intercultural a través de la cultura y el patrimonio cultural»[38]. En el marco de este programa, el patrimonio histórico-artístico, también el de carácter religioso, puede encontrar una fuente de recursos para su conservación, difusión y visibilidad.

---

relativa a la restitución de bienes culturales que hayan salido de forma ilegal del territorio de un Estado miembro, y por la que modifica el Reglamento (UE) n. 1024/2012, publicada el día 12 de junio de 2015».

[36] La Ley 6/1994, de 23 de diciembre, derogada y sustituida por la Ley 1/2017, era más clara a este respecto, ya que consideraba bienes culturales los que reunieran los requisitos señalados en el artículo 1 no de manera alternativa, sino cumulativa. Así redactada, la norma tenía sentido, puesto que singularizaba determinados bienes a los que le era de aplicación la Ley, a diferencia de la Ley 1/2017, que presenta los bienes protegidos por la LPHE y los incluidos en inventarios eclesiásticos como categorías diferentes. Vid. artículo 1 de la Ley 6/1994: «1. Se considera bien cultural, a los efectos de la presente Ley, aquel que: a) Esté clasificado, antes o después de haber salido de forma ilegal del territorio de un Estado miembro de la Unión Europea, como "patrimonio artístico, histórico o arqueológico nacional", con arreglo a la legislación o a procedimientos administrativos nacionales en el marco del artículo 36 del Tratado de la Comunidad Europea, y b) Se encuentre incluido en inventarios de instituciones eclesiásticas o forme parte de colecciones públicas, tal y como se definen en el apartado 2 de este mismo artículo, o que pertenezca a alguna de las categorías y alcance los valores que figuran a continuación: (…)».

[37] Reglamento (UE) 2021/818 del Parlamento Europeo y del Consejo de 20 de mayo de 2021 por el que se establece el Programa Europa Creativa (2021 a 2027) y por el que se deroga el Reglamento (UE) n. 1295/2013.

[38] Artículo 5.1 c).

Además de estas normas, como es habitual también en otras esferas, se ha desarrollado un amplísimo cuerpo de lo que se denomina *soft law* —normas no vinculantes u orientativas— que afecta de algún modo al patrimonio histórico-artístico: resoluciones, conclusiones, comunicaciones, etc. Al tratarse de actos no vinculantes tienen una eficacia limitada en la protección y difusión del patrimonio histórico-artístico religioso, aunque no puede afirmarse que sean totalmente irrelevantes. La relación completa de estas medidas sería muy extensa, puesto que no se trata solo de actos de carácter general, sino que en, algunos casos, estas normas están referidas a acciones sobre un bien particular[39]. Por su amplitud y su contenido cabe destacar, a los efectos que ahora nos interesa, la Resolución del Parlamento Europeo de 20 de enero de 2021, sobre la consecución de un legado eficaz para el Año Europeo del Patrimonio Cultural[40]. En este documento se realizan una serie de propuestas orientadas a la protección y difusión del patrimonio cultural, sobre la base de la importancia del patrimonio en numerosos campos, teniendo en cuenta los avances en materias como la realidad virtual y la inteligencia artificial y su impacto en el patrimonio cultural.

Fuera de los límites del área estrictamente jurídica, la Unión Europea desarrolla políticas orientadas a afrontar los retos comunes de los Estados miembros y a fomentar la cooperación y los intercambios transnacionales en materia de patrimonio[41]. Entre estas acciones puede mencionarse el Sello de Patrimonio Europeo[42]. Los sitios distinguidos por este sello se caracterizan porque promueven valores simbólicos europeos y por el papel destacado que han desempeñado en la historia y la cultura de Europa. Entre los más de sesenta sitios distinguidos con este sello se encuentran iglesias, monasterios, cementerios y otros lugares sagrados o de fuerte significado religioso. Son también acciones en esta misma línea las Jornadas Europeas del Patrimonio —en colaboración con el Consejo de Europa—,

[39] Cfr. por ejemplo la Declaración aprobada el 3 de mayo de 2019 en la reunión informal de los ministros responsables de Asuntos Culturales y Europeos de los Estados miembros tras el incendio de la catedral de *Nôtre-Dame* de París.

[40] Cfr. Resolución del Parlamento Europeo, de 20 de enero de 2021, sobre la consecución de un legado eficaz para el Año Europeo del Patrimonio Cultural (2019/2194 INI), DO C 456 de 10 de noviembre de 2021. Este documento pretende recoger las conclusiones de las acciones que se llevaron a cabo con ocasión del Año Europeo del Patrimonio Cultural (2018). Contiene una relación del *soft law* y de las convenciones internacionales sobre patrimonio cultural.

[41] Cabe reseñar, en este ámbito, la actividad de «*Future for Religious Heritage*». Fue creada en 2011 como una organización no gubernamental dedicada a la salvaguarda del patrimonio religioso de Europa. Es la única red independiente, laica y sin ánimo de lucro que agrupa a organizaciones benéficas y departamentos de conservación de instituciones gubernamentales, religiosas y universitarias, así como a otros profesionales que trabajan para proteger los edificios de patrimonio religioso en toda Europa.

[42] Vid. al respecto CARBALLEIRA, M. Teresa, *El sello de patrimonio europeo. Una acción entre cultura y ciudadanía,* en «Revista Vasca de Administración Pública», n. 106, 2016, pp. 295 y ss.

los Premios Europeos del Patrimonio o las Capitales Europeas de la Cultura[43]. En todas ellas tiene cabida el patrimonio religioso como uno de los elementos que definen la cultura de un país.

D. Consejo de Europa

El Convenio Europeo de Derechos Humanos de 1950 no menciona el patrimonio histórico-artístico, ni tan siquiera el derecho a la cultura, siguiendo las tendencias de la época en que fue redactado. Pese a todo, el Consejo de Europa, impulsor del Convenio, ha desarrollado desde hace décadas una notable labor de protección del patrimonio histórico-artístico plasmada en convenios, resoluciones y recomendaciones sobre diversos aspectos relacionados con el patrimonio que, en opinión de algún autor, no siempre ha sido reconocida o ha sido poco visible[44]. No hay que olvidar, sin embargo, que no todos los instrumentos jurídicos que dimanan del Consejo de Europa son vinculantes, lo que puede influir en el menor conocimiento o impacto de sus actuaciones.

Limitando la relación a los instrumentos más importantes, el primer documento del Consejo de Europa en materia de cultura es la Convención Cultural Europea de 19 de diciembre de 1954[45]. Su objetivo es la colaboración entre Estados miembros para lograr una mejor protección de la común herencia cultural europea.

En 1975 España ratifica oficialmente el Convenio Europeo para la Protección del Patrimonio Arqueológico, firmado en Londres el 6 de mayo 1969[46]. El texto es exponente del deseo de controlar el expolio de los bienes arqueológicos y el consecuente tráfico ilícito, y manifiesta la evolución de las políticas urbanísticas de los países europeos. La expresión «patrimonio arqueológico» estaba ausente, hasta entonces, de la normativa española. El término y su definición se utilizarán después, con una redacción muy similar, en la Ley de Patrimonio Histórico Español de 1985. Entre las

---

[43]   El Sello Cultural Europeo, las Capitales Europeas de la Cultura, y los Premios Europeos del Patrimonio se enmarcan actualmente en el Programa Europa Creativa.

[44]   Cfr. GUTIÉRREZ DEL MORAL, M. Jesús, *Otras normas internacionales sobre el patrimonio cultural de las confesiones religiosas, op. cit.,* pp. 29 y ss. La jurisprudencia del Tribunal Europeo de Derechos Humanos, a pesar de a no haber reconocido un derecho a la protección del patrimonio cultural, ha admitido que la protección de este patrimonio es un fin legítimo que justifica injerencias en el ejercicio de determinados derechos reconocidos en el Convenio, como el derecho a la propiedad privada. Vid. sobre este tema BARCELONA, Javier, *El patrimonio cultural material en el sistema del Convenio de Derechos Humanos,* en «Revista de Administración Pública», n. 198, 2015, pp. 129 y ss.

[45]   Fue ratificada por España mediante Instrumento de 4 de julio de 1957, BOE de 10 de agosto de 1947.

[46]   Instrumento de adhesión de España de 18 de febrero de 1974, BOE de 5 de julio de 1975. El Convenio fue revisado en La Valeta (16 de enero de 1992), revisión ratificada por España el 1 de marzo de 2011, BOE de 20 de julio de 2011.

medidas de protección que los Estados firmantes se comprometen a adoptar destaca la señalización de los lugares y conjuntos de interés arqueológico, la publicación científica de los resultados de las excavaciones y descubrimientos a la mayor brevedad posible, y el compromiso de los museos estatales de no adquirir bienes que se sospeche que proceden de excavaciones clandestinas[47]. No menciona expresamente los bienes arqueológicos de carácter religioso, aunque no están excluidos del ámbito del Convenio.

La Convención para la Salvaguardia del Patrimonio Arquitectónico de Europa se firmó en Granada el 3 de octubre de 1985[48]. Esta Convención extiende el concepto de patrimonio arquitectónico no sólo a los monumentos históricos relevantes; también es aplicable a conjuntos arquitectónicos, esto es, grupos homogéneos de construcciones que pueden ser objeto de una delimitación topográfica, y a sitios, entendiendo por tales obras combinadas del hombre y la naturaleza; todos ellos, obviamente, con un valor cultural. En esta Convención se defiende el principio de la mínima intervención, el respeto del entorno y la adecuación entre las normas de patrimonio cultural y las de urbanismo[49].

En 2007 España ratifica el Convenio Europeo del Paisaje hecho en Florencia el 20 de octubre del 2000[50]. Su objetivo es promover la protección, gestión y ordenación de los paisajes, y gestionar la cooperación en este campo. Este Convenio introduce ya la preocupación por lograr un desarrollo sostenible basado en una relación equilibrada y armónica entre las necesidades sociales, la actividad económica y el medio ambiente. En esta misma línea se desenvuelve el Convenio Marco sobre el valor del patrimonio cultural para la sociedad, hecho en Faro el 27 de octubre de 2005, ratificado por España en 2022[51]. Aunque, como ya se ha mencionado, el patrimonio no es objeto del Convenio Europeo de Derechos Humanos, el Convenio de Faro trata de integrarlo en su contenido, vinculando el patrimonio a otros derechos: el derecho a la cultura y el derecho a la educación. El texto desarrolla también la idea de un patrimonio común de Europa[52], en el que el patrimonio cultural compartido por los europeos interactúa con los ideales democráticos, políticos y sociales de Europa para generar la idea de una responsabilidad europea común hacia el patrimonio cultural[53]. Como sucede con

---

[47] Cfr. *Nota de autor* del Código de Patrimonio Cultural de las Administraciones Públicas, cit., p. 8.

[48] Ratificada por España mediante Instrumento de 11 de abril de 1989, BOE de 30 de junio de 1989. El documento recoge y amplía determinadas disposiciones de la Carta de Atenas de 1931 y de la Carta Europea del Patrimonio Arquitectónico de 1975.

[49] Cfr. *Nota de autor* del Código de Patrimonio Cultural de las Administraciones Públicas, cit., p. 8.

[50] Instrumento de ratificación de 6 de noviembre de 2007, BOE de 5 de febrero de 2008.

[51] Instrumento de ratificación de 8 de marzo de 2022, BOE de 17 de junio de 2022.

[52] Cfr. artículo 3

[53] La Nota Explicativa de este Convenio precisa que el texto aborda el derecho al patrimonio cultural, que se manifiesta como una dimensión del derecho a participar en la vida cultural de la comunidad

otros convenios, establece un marco donde tienen cabida el patrimonio y la herencia religiosos como parte de la cultura, aunque sin mencionar específicamente el patrimonio religioso, ni las entidades eclesiásticas como titulares y agentes sociales del patrimonio[54]. Fomenta la cooperación entre todas las partes interesadas, y promueve la consideración del patrimonio como elemento que contribuye al desarrollo de la sociedad.

Cabe citar, finalmente, el Convenio sobre Infracciones en Materia de Propiedad Cultural, firmado en Nicosia el 15 de mayo de 2017, en vigor desde el 1 de abril de 2022, aún no ratificado por España. Este Convenio se hace eco del aumento de la criminalidad contra el patrimonio cultural, incluyendo los daños provenientes de actos terroristas y del crimen organizado, y trata de promover la acción preventiva conjunta de los Estados de la Unión para proteger el patrimonio cultural. El Convenio se refiere de manera expresa a los bienes religiosos considerados de interés cultural por el Derecho interno de un Estado miembro, que están incluidos en el ámbito del Convenio[55].

La actividad del Consejo en relación con la cultura y el patrimonio también se lleva a cabo a través de determinados programas de promoción de estos ámbitos. Entre ellos merece una especial atención la Estrategia del Patrimonio Cultural Europeo del Consejo de Europa (Estrategia 21). Este programa proporciona directrices sectoriales propuestas en la Carta Abierta sobre el futuro del patrimonio religioso, basadas en cuatro pilares:

1. Compromiso: El patrimonio religioso pertenece a todos, no solo a los fieles.
2. Sostenibilidad: Es difícil mantener el interés en edificios infrautilizados. Si el uso para el culto no es suficiente, deben buscarse otras funciones a través del turismo, el uso comunitario, la acción social o usos alternativos y ampliados.

(artículo 1) y del derecho a la educación (Preámbulo, párrafo 4, que cita el artículo 27 de la Declaración Universal de Derechos Humanos y los artículos 13 y 15 del Pacto Internacional de Derechos Civiles y Políticos).

[54] El artículo 2 define el patrimonio cultural como el «conjunto de recursos heredados del pasado que las personas identifican, con independencia de a quién pertenezcan, como reflejo y expresión de valores, creencias, conocimientos y tradiciones propios y en constante evolución. Ello abarca todos los aspectos del entorno resultantes de la interacción entre las personas y los lugares a lo largo del tiempo».

[55] Cfr. artículo 2.2: «Para los propósitos de la presente Convención el término "bienes culturales" significará: a) con respecto a bienes muebles, cualquier objeto, situado en tierra o subacuático o removido de los mismos, que sea, bajo criterios religiosos o seculares, clasificado, definido o designado específicamente por cualquier Parte de esta Convención o de la Convención de UNESCO sobre la Medidas que Deben Adoptarse para Prohibir e Impedir la Importación, la Exportación y la Transferencia de Propiedad Ilícita de Bienes Culturales de 1970, como de importancia para la arqueología, la prehistoria, la etnología, la historia, la literatura, el arte o la ciencia (…)». El mismo criterio se aplica a los bienes inmuebles.

3. Protección: Siempre que sea posible, debe evitarse el cierre. Los edificios, a menudo construidos por las comunidades, deben conservarse y mantenerse abiertos para el beneficio público.

4. Innovación: Especialmente en la adaptación de la gestión a las necesidades del siglo XXI es clave para el futuro[56].

Además, el Consejo colabora en otras iniciativas como las Jornadas de Patrimonio. También promueve los Itinerarios culturales, configurados como rutas que discurren por lugares de particular interés, entre los que se encuentran varios itinerarios con significación religiosa; el primero, y posiblemente el más relevante en España, es el Camino de Santiago, pero también se han reconocido otros como la Ruta europea de las abadías cistercienses o los Sitios cluniacenses en Europa. Otra iniciativa reseñable es HEREIN, la red de Patrimonio Europeo; se trata de una red de información sobre el patrimonio cultural en la que participan las administraciones públicas responsables del patrimonio cultural. Se concibe como una herramienta de diálogo e intercambio que facilita la cooperación entre los ministerios e instituciones encargadas de la gestión del patrimonio europeo. Actúa también como un observatorio, en el sentido de que realiza un seguimiento de la aplicación de las convenciones europeas sobre patrimonio, la evolución de las políticas y el fortalecimiento de los valores del patrimonio como factor de diálogo intercultural y mejora de las condiciones de vida[57].

2. LA NORMATIVA ACORDADA

A. Acuerdos estatales

El sistema español de relaciones entre el Estado y las confesiones religiosas sigue un modelo de cooperación, por imperativo del artículo 16-3 de la Constitución. Ni el texto constitucional ni la normativa sobre libertad religiosa precisan las materias sobre las que ha de versar la colaboración, ni los medios para ponerla en práctica, pero se entiende que la cooperación se extenderá a aquellos asuntos que sean de interés común. El patrimonio histórico-artístico es, sin duda, uno de esos asuntos; en él concurren una función pública con un destino específico, que habrán de armonizarse tanto para el disfrute de los bienes como para asumir las cargas que implica su conservación y difusión[58]. Este doble valor de los bienes se encuentra

---

[56] El documento está accesible en la página web del Consejo de Europa, URL: https://culture.ec.europa.eu/es/cultural-heritage [13-05-2025].

[57] La información detallada sobre estos programas puede encontrarse en la página web del Ministerio de Cultura del Gobierno de España, URL: https://www.cultura.gob.es/cultura/patrimonio [13-05-2025].

[58] Cfr. MOTILLA, Agustín, *Bienes culturales de la Iglesia Católica: Legislación estatal y normativa pacticia, op. cit.*, p. 56.

recogido en el principal instrumento jurídico de colaboración entre la Iglesia y el Estado, los Acuerdos de 1979, si bien la valoración que ha recibido el tratamiento del patrimonio no es unánime.

Inmediatamente después de promulgada la Constitución, el Estado firmó cuatro Acuerdos con la Santa Sede. Los Acuerdos sentaron las bases del nuevo orden de relaciones entre el Estado español y la Iglesia católica, siguiendo la tradición concordataria de nuestro país y la vía preferida por la Santa Sede para tratar los asuntos de interés común con los Estados. Los Acuerdos tienen rango de tratado internacional, y por tanto, forman parte del ordenamiento jurídico interno; sus disposiciones sólo podrán ser derogadas, modificadas o suspendidas en la forma prevista en los propios tratados o de acuerdo con las normas generales del Derecho internacional[59]. A pesar de que estas normas sobre los tratados internacionales se encuentran contenidas en la Constitución, la disposición adicional séptima de la Ley de Patrimonio Histórico Español establece que las Administraciones a quienes corresponda su aplicación quedarán sujetas a los acuerdos internacionales válidamente celebrados por España —entre los que se encuentran los Acuerdos con la Santa Sede—, sin perjuicio de lo dispuesto en la propia Ley. Se trata de una declaración, cuando menos, innecesaria, porque la sujeción a los tratados internacionales deriva del texto constitucional. Además, y pese a esta formulación, la Ley de Patrimonio Histórico Español no puede prevalecer frente a los Acuerdos en caso de conflicto, por aplicación del principio de jerarquía normativa.

El Acuerdo sobre Enseñanza y Asuntos Culturales es el que, si bien muy escuetamente, se refiere al patrimonio histórico-artístico[60]. El preámbulo reconoce que el patrimonio histórico, artístico y documental de la Iglesia constituye una parte esencial del patrimonio cultural de la Nación. En consecuencia, es necesaria la colaboración de la Iglesia y del Estado para poner este patrimonio al servicio y disfrute de la sociedad, así como para protegerlo y acrecentarlo.

El Acuerdo sólo contiene un artículo, el XV, sobre patrimonio cultural, que establece lo siguiente: «La Iglesia reitera su voluntad de continuar poniendo al servicio de la sociedad su patrimonio histórico, artístico y documental y concertará con el Estado las bases para hacer efectivos el interés común y la colaboración de ambas partes, con el fin de preservar, dar a conocer y catalogar este patrimonio cultural en posesión de la Iglesia, de facilitar su contemplación y estudio, de lograr su mejor conservación

---

[59]   Artículo 96.1 de la Constitución.

[60]   Acuerdo de 3 de enero de 1979, entre el Estado español y la Santa Sede, sobre Educación y Asuntos Culturales, publicado en el BOE del 15 de diciembre de 1979. El texto está dedicado mayoritariamente a la educación. El Acuerdo sobre Asuntos Jurídicos, aprobado en la misma fecha, contiene un artículo relativo a la inviolabilidad de los archivos de la Iglesia, que también resulta relevante en materia de patrimonio cultural.

e impedir cualquier clase de pérdidas en el marco del artículo 46 de la Constitución. A estos efectos, y a cualesquiera otros relacionados con dicho patrimonio, se creará una Comisión Mixta en el plazo máximo de un año a partir de la fecha de entrada en vigor en España del presente Acuerdo».

Las opiniones de la doctrina sobre este artículo no son coincidentes. Un sector doctrinal estima que la referencia al patrimonio es demasiado amplia y carece de contenido esencial. El Acuerdo debería haber mencionado, al menos, el uso religioso de los bienes del patrimonio de la Iglesia, así como el compromiso del Estado de respetarlo. Además, el Acuerdo no establece la vía para hacer efectivo el mandato de cooperación, difiriendo esta decisión a la Comisión Mixta cuya creación se estipula en el propio Acuerdo. No faltan autores que consideran que la desprotección de que es objeto el patrimonio religioso podría hacer posibles nuevas incautaciones de bienes eclesiásticos por parte del Estado, como las que se produjeron durante el siglo XIX[61]. Por el contrario, otros autores entienden que el Acuerdo proporciona un marco preciso para preservar el patrimonio religioso, ya que el Estado está obligado a colaborar en su mantenimiento y restauración[62]. Además, tanto el Estado como la Iglesia suavizan sus planteamientos, facilitando el entendimiento mutuo. La Santa Sede acepta que el Estado proteja el patrimonio en su conjunto, y el Estado reconoce los derechos de propiedad y otros derechos reales de las entidades eclesiásticas sobre su patrimonio[63].

Como se acaba de indicar, el Acuerdo dispone que una Comisión Mixta supervisará cualquier asunto de interés común del Estado y la Iglesia relacionado con el patrimonio[64]. El resultado más relevante del trabajo de esta Comisión fue el texto aprobado el 30 de octubre de 1980 que lleva por título «Documento sobre el marco jurídico de las actuaciones de interés común en materia de Patrimonio

---

[61]   Cfr. IBÁN, Iván C. y FERRARI, Silvio, *Derecho y religión en Europa Occidental,* Madrid, McGraw Hill, 1998, p. 71; LABACA, Lourdes, *El patrimonio cultural de la Iglesia católica en España, op. cit.*, p. 28; NIETO, Silverio, *Tensión entre destino al culto y valor cultural del patrimonio eclesiástico,* en Vega Gutiérrez, Ana M., *et al.,* (coords.), «Protección del patrimonio cultural de interés religioso. Actas del V Simposio Internacional de Derecho Concordatario», *op. cit.,* p. 80.

[62]   Cfr. ALDANONDO, Isabel, *Patrimonio histórico, artístico y documental,* en AA. VV. «Acuerdos Iglesia - Estado español en el último decenio», Barcelona, Bosch, 1987, p. 187. Vid. también sobre esta cuestión RODRÍGUEZ BLANCO, Miguel, *Libertad religiosa y confesiones. El régimen jurídico de los lugares de culto,* Madrid, Centro de Estudios Políticos y Constitucionales, 2000, pp. 158-159; TEJÓN, Raquel, *Confesiones religiosas y Patrimonio cultural*, Madrid, Ministerio de Justicia, 2008, p. 223.

[63]   Vid. MOTILLA, Agustín, *Bienes culturales de la Iglesia Católica: Legislación estatal y normativa pacticia, op. cit.*, p. 58.

[64]   De hecho, ésta es la única declaración obligatoria del Acuerdo. Vid. MOTILLA, Agustín, *Bienes culturales de la Iglesia Católica: Legislación estatal y normativa pacticia, op. cit.*, p. 57. Sobre la Comisión, vid. también ÁLVAREZ CORTINA, Andrés C., *Bases para una cooperación eficaz Iglesia-Estado en defensa del patrimonio histórico, artístico y cultural,* en «Ius Canonicum», n. 25, 1985, p. 293.

Histórico-Artístico»[65]. Aunque no se trata de un instrumento jurídico propiamente dicho, contiene algunas declaraciones de interés en este tema[66]. La primera afirmación es que el Estado reconoce explícitamente la importancia del patrimonio eclesiástico, a la vez que reafirma el respeto de la propiedad y otros derechos de la Iglesia sobre su patrimonio, de acuerdo con los correspondientes títulos jurídicos. Sin embargo, pueden aplicarse restricciones a esos derechos para garantizar el cumplimiento del artículo 46 de la Constitución sobre el acceso general a la cultura y la función social de la propiedad. El Estado compensará estas limitaciones con la cooperación técnica y económica necesaria para preservar y enriquecer el patrimonio. También establece, como norma general, el respeto de la función primordial de culto que tienen muchos de los bienes eclesiásticos. Por su parte, la Iglesia reconoce el valor de estos bienes no solo para la vida religiosa, sino también para la historia y la cultura españolas, y se compromete a ponerlos al alcance y servicio de la sociedad, cuidándolos y utilizándolos de acuerdo con su valor histórico y artístico. Se prevé, asimismo, la aprobación de otros acuerdos para desarrollar mejor los principios del Documento cuando se apliquen a elementos concretos: bibliotecas y archivos, bienes muebles, museos, edificios y yacimientos arqueológicos.

Como puede apreciarse, el Documento reitera y desarrolla las disposiciones del Acuerdo, aunque introduce precisiones relevantes. La más importante posiblemente sea la referencia al respeto de la función de culto de los bienes del patrimonio eclesiástico, aunque la eficacia de esta declaración es dudosa.

La Comisión Mixta aprobó también, el 30 de marzo de 1982, las «Normas para la elaboración del inventario de bienes históricos y artísticos, muebles e inmuebles, pertenecientes a la Iglesia católica en España»[67]. Estas Normas tenían por objeto hacer efectivo el primer estadio de la cooperación, consistente en la confección del inventario de todos los bienes muebles e inmuebles de carácter histórico-artístico y documental, y de una relación de los archivos y bibliotecas que tengan interés histórico-artístico o bibliográfico y que pertenezcan por cualquier título a entidades eclesiásticas.

---

[65]   Este documento no se ha publicado en el Boletín Oficial del Estado, lo que plantea dudas sobre su naturaleza jurídica. Puede encontrarse en el Boletín de la Conferencia Episcopal Española, n. 14, 1987, p. 86.

[66]   Cfr. ALDANONDO, Isabel, *El marco constitucional, libertad religiosa y tutela de los bienes culturales,* en Rossell, Jaime y García, Ricardo (coords.), «Derecho y Religión», Valencia, Edisofer, 2020, p. 611.

[67]   Publicadas en el Boletín Oficial de la Conferencia Episcopal Española, n. 14, 1987, p. 87. Estas Normas no están firmadas por el ministro de Cultura y el presidente de la Conferencia Episcopal, como el Documento de 1980, sino por el subsecretario de Cultura y el presidente de la Comisión de patrimonio cultural de la Conferencia Episcopal. El Boletín incluye únicamente, el Documento de 1980 y las Normas de 1982 bajo la rúbrica de Normas de la Comisión Mixta Iglesia-Estado.

Desde 1982, la Comisión Mixta no ha aprobado más acuerdos y no se tienen noticias acerca de la continuidad de este órgano. Su efectividad no ha sido tan amplia como pretendía el Acuerdo debido a la transferencia de competencias a las Comunidades Autónomas. Estas comenzaron a promulgar leyes sobre patrimonio al amparo de las competencias asumidas en esta materia[68]. La Conferencia Episcopal reconocía en su momento que la configuración autonómica del Estado español ha tenido también su reflejo e incidencia en todo lo relacionado con la conservación, utilización e incremento del patrimonio cultural de la Iglesia. En efecto, entre las competencias transferidas a las Autonomías se hallan gran parte de las cuestiones relacionadas con el patrimonio histórico, pero, además, las Comunidades Autónomas tienen capacidad ejecutiva en materia de tratados internacionales que afecten a materias sobre las que han asumido competencias[69], y, en consecuencia, sobre los Acuerdos con la Santa Sede y las normas concordatarias complementarias sobre patrimonio cultural[70]. Por ello, se vio clara la necesidad de ir creando unos mecanismos de diálogo y colaboración entre los responsables de los Gobiernos Autonómicos y la Iglesia»[71]. Todas las leyes autonómicas prevén la creación de una comisión mixta con competencias similares a la estatal. Por tanto, la función que en el Acuerdo se atribuye a la Comisión Mixta estatal la desarrollan, actualmente, las comisiones mixtas autonómicas.

B. Acuerdos autonómicos y locales

En los años posteriores a las transferencias de competencias, los gobiernos de las Comunidades Autónomas firmaron numerosos acuerdos de colaboración con las correspondientes diócesis para resolver las cuestiones relacionadas con el patrimonio histórico-artístico de la Iglesia. La importancia en calidad y cantidad del patrimonio eclesiástico ha llevado a que se hayan aprobado un elevado número de acuerdos, sin parangón en otro ámbito del Derecho, que ha llevado a algunos autores a hablar de un verdadero «complejo concordatario»[72]. La propia Conferencia Episcopal admitió

---

[68]   Cfr. MOTILLA, Agustín, *Régimen jurídico de los bienes histórico-artísticos de la Iglesia Católica,* Madrid, Eurolex, 1995, p. 120.

[69]   El artículo 30 de la Ley 25/2014, de 27 de noviembre, de Tratados y otros Acuerdos Internacionales (BOE de 28 de noviembre de 2014) dispone, a este respecto, que las Comunidades Autónomas «adoptarán las medidas necesarias para la ejecución de los tratados internacionales en los que España sea parte en lo que afecte a materias de sus respectivas competencias». Vid. también a este respecto STC 165/1994, de 26 de mayo.

[70]   Cfr. ALDANONDO, Isabel, *El patrimonio cultural de las confesiones religiosas en España,* en «Derecho y Religión», n. 5, 2010, p. 156.

[71]   Vid. la Introducción a la publicación del Documento de 1980 en el Boletín de la Conferencia Episcopal Española, n. 14, 1987, p. 85.

[72]   La referencia procede de MOTILLA, Agustín, *Bienes culturales de la Iglesia Católica: Legislación estatal y normativa pacticia, op. cit.,* p. 60.

la relevancia de estos acuerdos con las Comunidades Autónomas, y los recogió en una especie de código en el año 1987, que al no haberse actualizado ha quedado totalmente obsoleto[73].

La referencia a todos los convenios firmados en el ámbito autonómico es una tarea que excede el propósito de este trabajo[74]. No obstante, cabe ofrecer una idea general sobre estos convenios[75]. Para ello, pueden distinguirse dos tipos de convenios atendiendo a su contenido: los generales y los particulares. Los convenios generales tienen como finalidad establecer el marco de cooperación, definiendo los principios generales de actuación en este ámbito y proveyendo a la constitución de una comisión mixta. Todas las Comunidades Autónomas han firmado un acuerdo de este tipo, la mayoría en los primeros años tras haber asumido competencias sobre la materia. Sin perjuicio de las variaciones de naturaleza, estructura y contenido, es posible iden-tificar un patrón común en estos acuerdos. Sus preámbulos contienen citas legales similares como fundamento del acuerdo; reconocen la propiedad o posesión de los bienes del patrimonio eclesiástico por parte de entidades de la Iglesia, si bien con cierta ambigüedad, y tienen en cuenta, en mayor o menor medida, su doble valor religioso y cultural. Se crea, como ya se ha indicado, una comisión mixta, que velará por la conservación del patrimonio y la puesta a disposición de la comunidad de los bienes culturales de la Iglesia[76].

El segundo grupo de acuerdos, adoptados frecuentemente como resultado de la actividad de las comisiones mixtas, tienen por objeto atender a una necesidad o fina-lidad específica. Son muy variados en su contenido y en el alcance de las actuaciones

---

[73] Los acuerdos autonómicos, junto con los de la Comisión Mixta estatal ya citados, constituyen una separata del Boletín de la Conferencia Episcopal Española n. 14 de 1987. En la presentación se señala que «el interés e importancia de los textos de estos Acuerdos de colaboración, que forman ya una especia de "corpus" de legislación y colaboración, justifica su publicación en este "Boletín de la Conferencia Episcopal Española"».

[74] Como obra de referencia en la recopilación de convenios autonómicos debe citarse CORRAL, Carlos y ALDANONDO, Isabel, *Nuevo Código del patrimonio cultural de la Iglesia,* Madrid, EDICE, 2016. Vid. también al respecto CEBRIÁ, María, *Los acuerdos entre las entidades locales y las confesiones religiosas,* en «Anuario de Derecho Eclesiástico del Estado», vol. XXVIII, 2012, pp. 588 y ss.

[75] Esta síntesis está basada en los trabajos de MOTILLA, Agustín, *Bienes culturales de la Iglesia Católica: Legislación estatal y normativa pacticia, op. cit.,* pp. 60 y ss; ÁLVAREZ CORTINA, Andrés C., *Destino al culto y valor cultural (concurrencia y conflicto),* en Álvarez Cortina, Andrés C. y Rodríguez Blanco, Miguel (coords.), «La religión en la ciudad», Granada, Comares, 2012, pp. 95 y ss., y ALDA-NONDO, Isabel, *El patrimonio cultural de las confesiones religiosas en España, op. cit.,* pp. 155 y ss. Sobre la naturaleza de estos convenios, vid. RODRÍGUEZ BLANCO, Miguel, *Los Convenios entre las Administraciones Públicas y las confesiones religiosas,* Pamplona, Navarra Gráfica de Ediciones, 2003.

[76] Los acuerdos detallan las competencias de la comisión mixta, incluyendo entre sus atribuciones la preparación de programas y presupuestos de intervenciones sobre el patrimonio, la emisión de dictá-menes técnicos cuando sean necesarios, establecer los módulos para la catalogación y el inventario de los archivos, las bibliotecas y los museos, y decidir las condiciones de acceso a los bienes de interés cultural.

previstas. Unos están orientados a la realización del inventario de bienes muebles de interés cultural; otros acuerdan la cesión temporal del uso de un templo para una actividad cultural que no sea disconforme con el fin religioso del inmueble; no pocos son acuerdos económicos, para la restauración de un bien, el mantenimiento o creación de museos, o la conservación del patrimonio musical; también son numerosos los acuerdos sobre archivos y bibliotecas, en los que la autoridad civil aporta financiación para la conservación de estos fondos a cambio de que la Iglesia facilite su consulta pública y su difusión[77].

Finalmente, son también comunes los convenios entre entidades locales y las correspondientes entidades eclesiásticas (por regla general parroquias y diócesis)[78]. La responsabilidad de las entidades de ámbito local sobre el patrimonio histórico-artístico es más limitada que la de las autonómicas y estatales, pese a su cercanía con muchos de los bienes culturales[79]. Las diputaciones provinciales y los cabildos insulares ejercen competencias en materia de cultura, que incluyen la gestión del patrimonio, generalmente en el marco del desarrollo de la legislación estatal y autonómica. Al amparo de estas competencias, han suscrito numerosos acuerdos; de ellos, un porcentaje significativo tiene por objeto facilitar el acceso a los bienes de interés cultural que sean propiedad de entidades eclesiásticas[80], o financiar la conservación o restauración de un bien determinado. Respecto de los municipios, la Ley de Régimen Local les atribuye competencia en materia de promoción de la cultura y equipamientos culturales[81]. También son relevantes en materia de patrimonio histórico-artístico las competencias sobre información y promoción de la actividad turística, cementerios, y gestión urbanística, que comprende todo lo que se refiere a conservación y rehabilitación de los edificios y afecta, por tanto, a los bienes inmuebles del patrimonio

---

[77]   Estos convenios aparecen habitualmente publicados en las páginas web de las diócesis. Un examen de estas páginas pone de manifiesto la prolífica dinámica de adopción de acuerdos en la mayor parte de las Comunidades Autónomas.

[78]   Vid. sobre este tema CEBRIÁ, María, *Los acuerdos entre las entidades locales y las confesiones religiosas, op. cit.,* pp. 588 y ss.; MOTILLA, Agustín, *Bienes culturales de la Iglesia Católica: Legislación estatal y normativa pacticia, op. cit.,* pp. 65 y ss.

[79]   Cfr. GONZÁLEZ-VARAS, Ignacio, *Conservación del patrimonio cultural. Teoría, historia, principios y normas,* 2ª ed., Madrid, Cátedra, 2018, pp. 638-639. Señala este autor que también es distinto el grado de sensibilidad de la normativa autonómica acerca del papel de las entidades locales en materia de patrimonio. Como ejemplo de normativa que potencia la participación de los ayuntamientos cabe citar la Ley 8/2023, de 30 de marzo de Patrimonio Cultural de la Comunidad de Madrid —como hizo su predecesora de 2013—, que incorpora la posibilidad de crear comisiones locales en los municipios que tengan bienes inmuebles declarados como Bien de Interés Cultural (cfr. artículo 8).

[80]   Estas actuaciones pueden ser de muy distinta índole: contratación con cargo a la entidad local de personal que se encargue de la apertura, vigilancia o guía turística de bienes de la Iglesia, proporcionar estacionamiento en un lugar próximo a un bien inmueble eclesiástico de interés cultural, etc.

[81]   Ley 7/1985, de 2 de abril, reguladora de las Bases del Régimen Local, BOE de 3 de abril, artículo 25.1 m.

histórico-artístico. La Ley de Patrimonio Histórico Español alude a la competencia de las entidades locales en el ámbito patrimonial[82], aunque precisando que se limita a la mera cooperación, sin facultades decisorias[83]. Destacan, en el ámbito municipal, los acuerdos para la cesión del uso de bienes eclesiásticos para actos culturales, o la colaboración en exposiciones, museos, y colaboraciones similares relacionadas con el arte sacro.

3. EL MARCO CONSTITUCIONAL

A. La Constitución de 1978

El Estado social de Derecho se propone garantizar unas condiciones de vida dignas para todos sus ciudadanos, promoviendo la justicia social y el bienestar colectivo. La cultura es un elemento esencial en este modelo de Estado, ya que representa la identidad, la historia y los valores de una sociedad. Además, está directamente vinculada con los principios de igualdad, justicia social y desarrollo integral de las personas. La protección a nivel constitucional del acceso a la cultura no solo reconoce su importancia, sino que garantiza el deber de los poderes públicos de fomentar la creación artística, la educación cultural y la conservación del patrimonio material e inmaterial. Esto es crucial en un contexto de globalización, donde las tradiciones locales y los valores de una determinada sociedad pueden verse amenazados por la homogeneización cultural. El acceso a la cultura es, asimismo, un derecho que contribuye al ejercicio de otros derechos, como la educación y la libertad de expresión.

La doctrina ha identificado una serie de rasgos que caracterizan el Derecho relativo a los bienes culturales en un Estado social[84]. Entre los más relevantes pueden

---

[82]   Artículo 7 de la Ley de Patrimonio Histórico Español: «Los Ayuntamientos cooperarán con los Organismos competentes para la ejecución de esta Ley en la conservación y custodia del Patrimonio Histórico Español comprendido en su término municipal, adoptando las medidas oportunas para evitar su deterioro, pérdida o destrucción. Notificarán a la Administración competente cualquier amenaza, daño o perturbación de su función social que tales bienes sufran, así como las dificultades y necesidades que tengan para el cuidado de estos bienes. Ejercerán asimismo las demás funciones que tengan expresamente atribuidas en virtud de esta Ley».

[83]   «Los Ayuntamientos solo son órganos cooperadores y no tienen facultades decisorias, aunque si están obligados a poner en conocimiento del órgano competente cualquier amenaza, daño o perturbación sobre los bienes a que se refiere la Ley 16/85 e incluso a adoptar medidas cautelares, pero no obviamente a decidir, ni menos a utilizar las potestades que en materia de concesión de licencias de actividades tienen, para sustituir al órgano designado por la Ley, en materia de ejecución conservación y custodia del Patrimonio Histórico-artístico». STS 25 de enero 2000, FJ 5, ECLI: ES:TS:2000:374.

[84]   B. González Moreno, siguiendo a una parte de la doctrina, entiende que lo que denomina «cláusula del Estado de cultura» es una fórmula jurídico-constitucional que se articula en torno a tres principios: la libertad, el pluralismo y el progreso de la cultura, exigencias que se derivan de la profunda implicación de la cultura con el libre desarrollo de la personalidad, y de la garantía y promoción de las

incluirse la constitucionalización de su protección por el Estado; la consideración del interés público como eje de su regulación jurídica, de manera que la titularidad privada queda sometida a los planes de protección del Estado; la existencia de una organización administrativa de la actividad patrimonial de la Administración con máximo rango y amplias potestades; la prevalencia de las técnicas prestacionales en la actividad administrativa, que comprende la restauración y rehabilitación de los bienes y su promoción, para lo que deberá crear los instrumentos jurídicos adecuados; la adopción de un concepto amplio del patrimonio, que comprenda no solo bienes de valor histórico, sino también otros que supongan un testimonio de la civilización[85].

La Constitución de 1978 introdujo cambios importantes en la consideración de la cultura y el patrimonio en el ordenamiento español. La protección del patrimonio y el valor positivo de la cultura ya podían identificarse en algunos textos históricos, pero con el texto constitucional vigente cambia el paradigma del reconocimiento y protección de estos elementos. España, como señala el artículo 1 de la Constitución, se constituye en un Estado social y democrático de Derecho. Las características del Estado social se ponen de manifiesto en el preámbulo, que declara la voluntad de la Nación española de proteger a todos los españoles y pueblos de España en el ejercicio de los derechos humanos, sus culturas y tradiciones, lenguas e instituciones, y de promover el progreso de la cultura y de la economía para asegurar a todos una digna calidad de vida. Es significativo que dos de los seis apartados del preámbulo, de carácter programático, se refieran expresamente a la cultura, ámbito en el que se incluye el patrimonio. Sin duda, será el articulado de la Constitución el que proporcione los datos para valorar la recepción de las características del Estado social de Derecho en el texto, pero la inclusión en el preámbulo supone toda una declaración de intenciones.

El texto constitucional incorpora el derecho de todos los ciudadanos a acceder a la cultura en el artículo 44.1, que está ubicado en el capítulo sobre los principios rectores de la política social y económica. Dispone que los poderes públicos «promoverán y tutelarán el acceso a la cultura, a la que todos tienen derecho». Siendo el patrimonio un elemento de la cultura, el desarrollo de este precepto constitucional habrá de ser un punto de referencia en el estudio del patrimonio.

---

condiciones necesarias para su progreso y para la participación democrática de los individuos, haciéndola accesible a todos. Cfr. GONZÁLEZ MORENO, Beatriz, *Estado de cultura, derechos culturales y libertad religiosa,* Pamplona, Civitas, 2003, p. 40.

[85]   Cfr. GARCÍA FERNÁNDEZ, Javier, *Estudios sobre el Derecho del Patrimonio Histórico, op. cit.,* pp. 111-112. Estos rasgos han propiciado que se haya llegado a hablar del Derecho del Patrimonio Histórico como una rama autónoma del Derecho (cfr. p. 120), aunque quizá esta calificación sea excesiva.

El patrimonio histórico-artístico es objeto de atención singularizada en el artículo 46, que señala:

> «Los poderes públicos garantizarán la conservación y promoverán el enriquecimiento del patrimonio histórico, cultural y artístico de los pueblos de España y de los bienes que lo integran, cualquiera que sea su régimen jurídico y su titularidad. La ley penal sancionará los atentados contra este patrimonio».

Se encuentra también entre los principios rectores de la política social y económica; en su interpretación habrán de tenerse en cuenta, además del contexto proporcionado por el reconocimiento del derecho de acceso a la cultura, otras disposiciones constitucionales: el artículo 20.1, sobre el derecho de creación artística; el artículo 27, sobre el derecho a la educación; el artículo 33, que regula la función social de la propiedad; y en relación con el patrimonio eclesiástico, el artículo 16, que reconoce el derecho de libertad religiosa y consagra los principios de no confesionalidad, neutralidad y cooperación del Estado con las confesiones religiosas.

La doctrina se ha preguntado, legítimamente, por qué la Constitución singulariza el patrimonio, que es un elemento de la cultura, pero no el único, y no otros como la música o el teatro, por citar solo algunos. La cuestión resulta, además, pertinente, atendiendo a la ubicación sistemática del artículo sobre el patrimonio, que no sigue inmediatamente al derecho de acceso a la cultura, sino que entre ambos se interpone el artículo 45, referido al derecho a disfrutar del medio ambiente. En apariencia, esta estructura refuerza la autonomía del derecho sobre el patrimonio. La mayoría de los autores se refieren al disfrute colectivo de los bienes que lo integran como aspecto que unifica jurídicamente los bienes materiales o inmateriales integrantes del patrimonio y los dota de una autonomía singular. Además, el contenido del derecho a disfrutar del patrimonio y su regulación, son complejas, porque en él están implicados bienes de distinta titularidad, destino y contenido económico, y porque la acción del Estado sobre el patrimonio es muy variada, incluyendo el sometimiento a la tutela pública, y la posibilidad de imponer cargas para los titulares, sean públicos o privados. Este entramado de relaciones jurídicas justifica su constitucionalización, con efectos jurídicos más intensos que en el caso de otras manifestaciones de la cultura[86].

Esta consideración particular del patrimonio no es óbice, según algunos autores, para reconocer su carácter instrumental respecto del derecho de acceso a la cultura[87].

---

[86] Cfr. GARCÍA FERNÁNDEZ, Javier, *Estudios sobre el Derecho del Patrimonio Histórico, op. cit.*, pp. 94-98.

[87] Así lo señala el preámbulo de la Ley del Patrimonio Histórico Español: «Todas las medidas de protección y fomento que la Ley establece sólo cobran sentido si, al final, conducen a que un número cada vez mayor de ciudadanos pueda contemplar y disfrutar las obras que son herencia de la capacidad colectiva de un pueblo. Porque en un Estado democrático estos bienes deben estar

Así, la obligación constitucional de proteger y promover el enriquecimiento del patrimonio histórico-artístico no sería un fin en sí misma, sino que estaría orientada a facilitar el desarrollo de la cultura; a su vez, el acceso a la cultura se concibe también con carácter instrumental para lograr el desarrollo y bienestar de los ciudadanos, uno de los fines del Estado social de Derecho[88].

Consecuencia de todo ello es que el artículo 46 se presenta como un derecho de carácter prestacional[89]. Existe un consenso generalizado sobre este punto; el artículo no puede considerarse como una mera declaración de intenciones, sino que comporta una serie de prestaciones por parte de las autoridades públicas necesarias para que el derecho sea real y efectivo[90]. Así resulta de la interpretación conjunta de este artículo y el 9.2, que atribuye a los poderes públicos la obligación de facilitar la participación de todos los ciudadanos en la vida política, económica, cultural y social[91].

B. El conflicto competencial

Una vez asentado su reconocimiento constitucional, la protección del patrimonio resultó profundamente afectada por la nueva configuración del Estado de las Autonomías. La Constitución estableció una distribución competencial entre el Estado y las Comunidades Autónomas; tras el proceso de transferencia de competencias, las principales atribuciones en materia de patrimonio histórico-artístico corresponden a las Comunidades Autónomas, reservándose el Estado las competencias en determinados ámbitos que atienden a la protección del interés general de la Nación[92].

---

adecuadamente puestos al servicio de la colectividad en el convencimiento de que con su disfrute se facilita el acceso a la cultura y que ésta, en definitiva, es camino seguro hacia la libertad de los pueblos».

[88] Cfr. ÁLVAREZ CORTINA, Andrés C., *Destino al culto y valor cultural (concurrencia y conflicto), op. cit.*, p. 80.

[89] Por todos, vid. MOTILLA, Agustín, *Bienes culturales de la Iglesia Católica: Legislación estatal y normativa pacticia, op. cit.*, pp. 50-51.

[90] De acuerdo con J. García Fernández, «la conexión entre la cultura y el Derecho pasa necesariamente a través de la noción de derechos culturales». Esta conexión, según el autor, se despliega a través de la libertad de la cultura, el pluralismo cultural y el derecho de acceso a la cultura. La cultura ocupa así una posición público-subjetiva que en el ordenamiento español deviene un derecho de prestación, alejándola de las concepciones liberales que concebían la cultura como un mero derecho de libertad. El derecho a la cultura se transforma, entonces, en el derecho a participar en la cultura. Cfr. GARCÍA FERNÁNDEZ, Javier, *Estudios sobre el Derecho del Patrimonio Histórico, op. cit.*, p. 245.

[91] La doctrina se ha preguntado el sentido de la utilización de esos cuatro términos en el artículo 9.2. En general, se entiende que se trata de acotar un espacio autónomo para la noción de cultura, no subordinado ni confundido con lo social. Vid. GONZÁLEZ MORENO, Beatriz, *Estado de cultura, derechos culturales y libertad religiosa, op. cit.*, p. 140.

[92] Cfr. GONZÁLEZ-VARAS, Ignacio, *Conservación del patrimonio cultural. Teoría, historia, principios y normas, op. cit.*, pp. 638 - 639.

Los artículos 149.1.28 y 149.2 de la Constitución configuran un cuadro competencial del Estado que comprende la competencia exclusiva sobre museos, archivos y bibliotecas de titularidad estatal; la defensa del patrimonio frente a la exportación ilícita y la expoliación, cuyo alcance puede ser amplio porque conlleva acciones complementarias para su eficacia; las materias necesarias para actuar la política de bienes culturales que corresponde al Estado en virtud de otros títulos competenciales; por ejemplo, habrá que tener en cuenta, en la medida en que afecten a esta materia, las competencias atribuidas del Estado para regular las condiciones básicas que garanticen a los españoles la igualdad en el ejercicio de sus derechos (artículo 149.1.1), sobre el procedimiento administrativo común, legislación sobre expropiación forzosa y responsabilidad civil (149.1.18) o comercio exterior y régimen aduanero (artículo 149.1.10)[93]; y la competencia para establecer los instrumentos más idóneos de cooperación con las Comunidades Autónomas[94].

De acuerdo con el artículo 148, las Comunidades Autónomas pueden asumir competencias legislativas y ejecutivas sobre museos y bibliotecas de interés de la Comunidad Autónoma, sobre el patrimonio monumental de interés de la Comunidad Autónoma, y sobre el fomento de la cultura[95]; también podrán asumir competencias ejecutivas sobre museos, archivos y bibliotecas de titularidad estatal, sin que todo ello implique que la eventual afectación de intereses generales o la concurrencia de otros títulos competenciales del Estado en materia determinada no deban también tenerse presentes como límites que habrá que ponderar en cada caso concreto[96]. No hay que olvidar, además, que el artículo 149.3 de la Constitución también otorga a las Comunidades Autónomas la posibilidad de asumir competencias en materias no atribuidas expresamente al Estado.

A primera vista podría parecer que estamos ante un reparto competencial claro, que se fundamenta en otorgar en régimen de exclusividad ciertas competencias al Estado y otras a las Comunidades Autónomas. Sin embargo, conforme al artículo 149.2, el Estado, sin perjuicio de las competencias que podrán asumir las Comunidades Autónomas, considerará el servicio de la cultura como deber y

---

[93]   Así lo señala el abogado del Estado en sus alegaciones en la STC 17/1991.

[94]   Cfr. GARCÍA FERNÁNDEZ, Javier, *Estudios sobre el Derecho del Patrimonio Histórico, op. cit.*, pp. 122-123. El texto literal de los artículos citados dice lo siguiente: 149.1: «El Estado tiene competencia exclusiva sobre las siguientes materias: (…) 28. Defensa del patrimonio cultural, artístico y monumental español contra la exportación y la expoliación; museos, bibliotecas y archivos de titularidad estatal, sin perjuicio de su gestión por parte de las Comunidades Autónomas». Artículo 149.2: «Sin perjuicio de las competencias que podrán asumir las Comunidades Autónomas, el Estado considerará el servicio de la cultura como deber y atribución esencial y facilitará la comunicación cultural entre las Comunidades Autónomas, de acuerdo con ellas».

[95]   Cfr. artículo 148.1.15, 16, 17.

[96]   Cfr. STC 17/1991, FJ 3.

atribución esencial y facilitará la comunicación cultural entre las Comunidades Autónomas, de acuerdo con ellas. Es decir, que, al margen del reparto competencial en exclusividad de materias relacionadas con el patrimonio histórico, el Estado considerará el servicio de la cultura, donde se incluye todo lo que tenga que ver con el patrimonio histórico, artístico y cultural, como un deber y atribución esencial y esto lo llevará a cabo mediante la comunicación cultural entre las Comunidades Autónomas y de acuerdo con ellas[97]. Los términos utilizados son conceptos jurídicos indeterminados que hacen necesaria una tarea de coordinación y comunicación en las dos direcciones porque la cultura, y por tanto el patrimonio histórico, son competencia propia e institucional tanto del Estado como de las Comunidades Autónomas[98].

Tras la aprobación de la Constitución, todas las Comunidades Autónomas fueron asumiendo competencias en materia de cultura en sus Estatutos de Autonomía, desde el primero, el del País Vasco, en 1979, hasta el último, el de Castilla y León en 1983. La transferencia de competencias en materia de cultura a las Comunidades Autónomas, sobre todo a las históricas, se produjo con bastante rapidez, entre otras razones por el interés en desarrollar sus señas de identidad cultural[99]. Los Estatutos reproducen prácticamente los mismos contenidos en materia de patrimonio histórico-artístico, y todos han sabido extraer al máximo las posibilidades que ofrecía la Constitución[100].

La normativa sobre patrimonio actualmente vigente se elaboró teniendo en cuenta este reparto de competencias[101]. En el ámbito estatal, la norma fundamental es la Ley

---

[97] El artículo 3.1 de la Ley de Patrimonio Histórico Español dispone que «la comunicación y el intercambio de programas de actuación e información relativos al Patrimonio Histórico Español serán facilitados por el Consejo del Patrimonio Histórico, constituido por un representante de cada Comunidad Autónoma, designado por su Consejo de Gobierno, y el director general correspondiente de la Administración del Estado, que actuará como Presidente». Esta norma fue desarrollada por los artículos 2 - 6 del Real Decreto 111/1986.

[98] Cfr. *Nota de autor* del Código de Patrimonio Cultural de las Administraciones Públicas, cit., p. 2.

[99] Cfr. GONZÁLEZ-VARAS, Ignacio, *Conservación del patrimonio cultural. Teoría, historia, principios y normas, op. cit.*, p. 639. La aprobación efectiva de las leyes sobre patrimonio, sin embargo, tuvo distinta cadencia temporal.

[100] Cfr. *Nota de autor* del Código de Patrimonio Cultural de las Administraciones Públicas, cit., p. 3. Vid. sobre el contenido de los Estatutos en materia de patrimonio histórico, cultural y artístico SORIANO, Silvia, *Dimensión constitucional y marco competencial del patrimonio histórico-artístico en España*, en Roca, M. José y Godoy, Olaya (coords.), «Tutela jurídica del patrimonio cultural», Valencia, Tirant lo Blanch, 2021, pp. 44 y ss. La autora realiza un estudio exhaustivo de las competencias asumidas por los Estatutos de las Comunidades y Ciudades Autónomas, integrándolas en tablas comparativas; cfr. pp. 44-45, 53-55.

[101] Cfr. GONZÁLEZ-VARAS, Ignacio, *Conservación del patrimonio cultural. Teoría, historia, principios y normas, op. cit.*, pp. 635 y ss.

de Patrimonio Histórico Español (LPHE)[102]. Posteriormente se aprobó el Decreto 111/1986, que no se denomina *Reglamento* a pesar de su función de desarrollo de la Ley[103]. El Gobierno evitó designarlo con este término porque no desarrollaba todo el contenido de la LPHE. Sin embargo, la realidad es que no solo desarrolla gran parte de la Ley, sino que la complementa disponiendo, entre otras cosas, los órganos administrativos a los que corresponde la gestión del patrimonio y algunas reglas para la transmisión de los bienes[104].

La LPHE pretende ser un verdadero código de patrimonio de acuerdo con la distribución de competencias establecido en la Constitución. Con carácter general, el desarrollo del deslinde competencial se encomienda al legislador ordinario, y en este sentido, la LPHE define las competencias que corresponden al Estado y a las Comunidades Autónomas[105]. Contra este deslinde se interpusieron cuatro recursos de inconstitucionalidad, promovidos por el Consejo Ejecutivo de la Generalitat de Cataluña, por la Xunta de Galicia, por el Gobierno vasco y por el Parlamento catalán, respectivamente. Todos ellos entendían que la LPHE invadía competencias exclusivas atribuidas por los Estatutos a las Comunidades Autónomas. Los recursos, acumulados, fueron resueltos por la Sentencia 17/1991, de 31 de enero, que contiene una serie de pronunciamientos decisivos sobre el reparto competencial entre el Estado y las Comunidades Autónomas.

Una de las primeras cuestiones tratadas en la Sentencia es la articulación de los conceptos de cultura y patrimonio histórico-artístico, elemento decisivo para definir las competencias estatales y autonómicas. Frente a los recursos de las Comunidades, que entienden que el Estado ha de limitar sus actuaciones en materia de patrimonio estrictamente a la defensa frente a la exportación y la expoliación, el Tribunal Constitucional entiende que el patrimonio histórico se inserta en el concepto de cultura. De esta manera, las competencias atribuidas al Estado en materia de cultura afectarían también al patrimonio. De ahí que no sea posible un reparto de competencias en régimen de exclusividad, sino que se precisa una intervención paralela y concurrente del Estado y de las Comunidades

---

[102]   Ley 16/1985, de 25 de junio, del Patrimonio Histórico Español. Se presentó un proyecto de Ley de Patrimonio Histórico-Artístico en 1981, que finalmente no prosperó. Vid. Boletín Oficial de las Cortes Generales, Congreso de los Diputados, 14 de septiembre de 1981, n. 207-I, pp. 1441 y ss.

[103]   Real Decreto 111/1986, de 10 de enero, de desarrollo parcial de la Ley 16/1985, de 25 de junio, del Patrimonio Histórico Español, BOE de 28 de enero de 1986.

[104]   Cfr. García Fernández, Javier, *Estudios sobre el Derecho del Patrimonio Histórico, op. cit.*, pp. 148-149.

[105]   Cfr. Anguita, Luis, *Reflexiones sobre la ley 16/1985, de 25 de junio, del patrimonio histórico español,* en Roca, M. José y Godoy, Olaya, (coords.), «Tutela jurídica del patrimonio cultural», Tirant lo Blanch, Valencia, 2021, pp. 70 y ss.

Autónomas[106]. Por tanto, el ámbito de competencias estatales va más allá de las simples actuaciones de defensa contra la expoliación. En esta integración se halla el fundamento de la potestad del Estado para legislar en materia de patrimonio histórico-artístico[107].

Tal y como lo plantea la Sentencia, la relación entre cultura y patrimonio histórico-artístico es armónica, entendiendo el patrimonio como un elemento integrante del concepto más general de cultura[108]. Su consideración singularizada proviene de que comprende bienes con características particulares que los hace dignos de protección por parte de los poderes públicos. El problema deriva de que la propia Constitución no adopta estas acepciones. El artículo 46 se refiere al patrimonio *histórico, cultural y artístico* como si fueran tres categorías distintas y equivalentes; el artículo 149 atribuye a las Comunidades Autónomas competencia sobre el *patrimonio monumental de interés de la Comunidad Autónoma* y el artículo 148 menciona la competencia del Estado en materia de defensa del *patrimonio cultural, artístico y monumental español*. La Ley de 1985 solo se refiere en su título —que no en su contenido— al patrimonio histórico español, y la dificultad se agudiza si se atiende a los términos utilizados en la normativa autonómica. La falta de univocidad lingüística, por tanto, complica el deslinde de competencias que ya de por sí es complejo debido a la concurrencia de competencias estatales y autonómicas.

El desarrollo legislativo de la defensa del patrimonio frente a la expoliación, que es una competencia atribuida al Estado, también fue controvertido. El alcance de esta competencia es amplio, porque conlleva acciones complementarias para su eficacia. Sin embargo, la Ley de Patrimonio Histórico Español fue cuestionada por entender que su definición de expolio excedía del significado propio de la palabra,

---

[106]   Entre las competencias concurrentes que habían sido objeto de recurso se cuentan la difusión internacional de los valores culturales de los bienes del patrimonio, siempre que no se trate de actos generadores de responsabilidades del Estado con terceros, sean políticas o económicas (STC 17/1991, FJ 6).

[107]   Cfr. STC 17/1991, FJ 2, 3. La STC 49/1984, de 5 de abril, precisó que el artículo 149.2 de la Constitución, «después de reconocer la competencia autonómica afirma una competencia estatal, poniendo el acento en el servicio de la cultura como deber y atribución esencial. Hay, en fin, una competencia estatal y una competencia autonómica, en el sentido de que más que un reparto competencial vertical, lo que se produce es una concurrencia de competencias ordenada a la preservación y estímulo de los valores culturales propios del cuerpo social desde la instancia pública correspondiente. Que en materia cultural es destacada la acción autonómica es algo inherente a la Comunidad (artículo 2 de la C.E.). Que a su vez al Estado compete también una competencia que tendrá, ante todo, un área de preferente atención en la preservación del patrimonio cultural común, pero también en aquello que precise de tratamientos generales o que hagan menester esa acción pública cuando los bienes culturales pudieran no lograrse desde otras instancias, es algo que está en la línea de la proclamación que se hace en el indicado precepto constitucional».

[108]   Cfr. García Fernández, Javier, *Estudios sobre el Derecho del Patrimonio Histórico, op. cit.*, p. 92.

que se refiere a «despojar con violencia o iniquidad». El artículo 4 de la Ley de Patrimonio Histórico Español define el expolio como cualquier «acción u omisión que ponga en peligro de pérdida o destrucción todos o alguno de los valores de los bienes que integran el Patrimonio Histórico Español, o perturbe el cumplimiento de su función social». Entendían los recurrentes que este último inciso ampliaba el concepto de expolio de tal manera que excedía el título competencial estatal. El abogado del Estado se opuso al recurso afirmando que limitar el concepto de expoliación al estricto sentido gramatical del término supondría restringir la competencia del Estado a las meras funciones de vigilancia, protección y represión contra los ataques físicos al patrimonio, competencia que ya le viene atribuida en el artículo 149.1.6 de la Constitución, puesto que está comprendida entre las medidas de orden público, penales o civiles. Por tanto, este término habría de tener un alcance mayor, ya que, en caso contrario, su mención en el artículo 149.1.28 sería innecesaria. El Tribunal Constitucional, acogiendo este razonamiento, señala que el concepto de expolio abarca un plus de protección respecto de unos bienes dotados de características especiales. Esta protección comprende un conjunto de medidas de defensa que, además de referirse a su deterioro o destrucción se extienden a la privación arbitraria o irracional del cumplimiento normal de aquello que constituye el propio fin del bien según su naturaleza, en cuanto portador de valores de interés general que también han de ser preservados. Por tanto, la alusión de la Ley de Patrimonio Histórico Español a la perturbación del cumplimiento de la función social de estos bienes hay que entenderla referida a la privación del destino y utilidad general que les es propia[109].

Otro conflicto que resolvió el Tribunal Constitucional es el relativo a la atribución de competencias de gestión de determinados bienes del patrimonio. La LPHE reserva al Estado la gestión de los bienes del patrimonio adscritos a servicios públicos gestionados por la Administración del Estado o que formen parte del Patrimonio Nacional[110]. El recurrente —en este caso, el Gobierno vasco—, entendía que este precepto suponía la creación indirecta de un título competencial a favor del Estado mediante la simple adscripción de un bien a un servicio público gestionado por su Administración. El Tribunal Constitucional no entra a valorar el posible fraude de ley que pudiera producirse, remitiéndose, en su caso, a los mecanismos represores correspondientes. Respecto de esta competencia, entiende que la gestión estatal entra dentro de la lógica del servicio: si un órgano del Estado tiene potestad

---

[109]   Cfr. STC 17/1991, FJ 7. En la práctica, se ha establecido un procedimiento de cooperación entre Administraciones para buscar entre todas ellas las medidas más eficaces para defender el patrimonio histórico-artístico frente al expolio. Cfr. *Nota de autor* del Código de Patrimonio Cultural de las Administraciones Públicas, cit., pp. 2, 4

[110]   Cfr. artículo 6 LPHE.

exclusiva para la gestión del servicio, esta deberá extenderse también al régimen de uso y gestión de los bienes afectos al mismo; lo contrario sería perturbador para el desarrollo del servicio.

La Sentencia del Tribunal Constitucional aborda otro asunto planteado por todos los recurrentes: la competencia para declarar un bien de particular interés cultural. Esta declaración abre la puerta a un régimen de especial protección, aunque no está recogido en la LPHE de manera sistemática sino en preceptos dispersos a lo largo de todo su articulado. Se entiende que la declaración de un bien como Bien de Interés Cultural (BIC) es un instrumento fundamental de gestión del patrimonio, puesto que los bienes incluidos en esta categoría podrán beneficiarse de una serie de medidas legislativas y políticas. La LPHE prevé —puesto que no ha sido modificada— dos vías para la declaración de un bien como de interés cultural: por ministerio de la Ley o mediante Real Decreto de forma individualizada[111]. El Tribunal Constitucional apreció un «exceso competencial» en la atribución al Estado de esta potestad, claramente ejecutiva; como precisa el fallo de la Sentencia, el artículo solo se ajusta al bloque de la constitucionalidad si se entiende referido únicamente a aquellos bienes sobre los que el Estado tiene competencias de ejecución de la ley, es decir, los bienes adscritos a un servicio público gestionado por la Administración estatal y los del Patrimonio Nacional. En los demás casos, la competencia para legislar sobre la declaración de bienes de interés cultural corresponde a las Comunidades Autónomas en cuanto la tengan asumida estatutariamente[112]. Este pronunciamiento dio lugar a una modificación del Real Decreto 64/1994 de desarrollo de la LPHE, que incorporó la doctrina del Tribunal Constitucional sobre las competencias para legislar sobre la declaración de bienes de interés cultural, de manera que el texto fuera ajustado a la Sentencia de 1991[113]. No se modificó, sin embargo, la LPHE; aunque el Tribunal Constitucional habla de interpretar la Ley en el sentido que indica, sin declarar su inconstitucionalidad, hubiera sido deseable, en aras de la seguridad jurídica, una modificación del texto de la Ley para hacer explícita la doctrina constitucional.

Estrechamente vinculada con la declaración de bienes de interés cultural se halla la creación de un registro general dependiente de la Administración del Estado, y la elaboración de catálogos o censos de diversos tipos de bienes del patrimonio histórico que prevé la LPHE. El Tribunal Constitucional fundamenta la constitucionalidad de estas disposiciones de la Ley en dos motivos. El primer motivo es que tales instrumentos son necesarios para la gestión de los BIC de competencia estatal y para el ejercicio de las competencias del Estado sobre todos los BIC: defensa frente a la

---

[111] Cfr. artículo 9 LPHE.

[112] Cfr. STC 17/1991, FJ 10.

[113] Real Decreto 64/1994, de 21 de enero, por el que se modifica el Real Decreto 111/1986, de 10 de enero, de desarrollo parcial de la Ley 16/1985, de 25 de junio, del Patrimonio Histórico Español, BOE de 2 de marzo de 1994.

expoliación, difusión del patrimonio, etc., así como para disfrutar de los beneficios fiscales previstos para este tipo de bienes. El segundo motivo es que tales instrumentos facilitan también el servicio general de la cultura y la comunicación entre las Comunidades Autónomas, atribuidas ambas por la Constitución al Estado[114]. Eso sí, precisa el Tribunal Constitucional, la creación de un registro estatal no impide que puedan crearse registros autonómicos para el ejercicio de las competencias asumidas por las Comunidades Autónomas.

La STC 17/1991 afronta, en fin, la posible inconstitucionalidad de la autorización estatal previa para el desplazamiento o la remoción de un bien impuesta por la LPHE, la prohibición de enajenar bienes muebles del patrimonio histórico pertenecientes a la Administración Pública, recogida en el artículo 28, y determinados límites a la exportación de bienes del patrimonio. Señala el Tribunal Constitucional que, en todos estos casos, se trata de normas que respetan la distribución competencial establecida en la Constitución, puesto que son medios adecuados para la defensa del patrimonio histórico, y no afectan a las competencias autonómicas.

En conclusión, cabe afirmar que las Comunidades Autónomas tienen competencias en materia de patrimonio, pero estas competencias son concurrentes con las competencias del Estado en materia de cultura. Como señala el Tribunal Constitucional, «la complejidad de lo que se denomina patrimonio histórico no siempre permite hallar en un solo título la habilitación de competencias»[115].

4. LEGISLACIÓN AUTONÓMICA

La actividad legislativa de las Comunidades Autónomas en materia de patrimonio ha tenido una cadencia a lo largo de las últimas décadas que demuestra el interés de los poderes públicos autonómicos en este tema. No en vano el patrimonio es uno de los principales activos turísticos, y en ocasiones también económicos, de la mayoría de las Comunidades.

Las primeras leyes que se aprobaron fueron la de Castilla-La Mancha, el 30 de mayo de 1990, y la del País Vasco el 3 de julio de ese mismo año. Estas leyes diferían notablemente en su contenido, como consecuencia de su distinto objetivo: la Ley de Castilla-La Mancha pretendía servir de desarrollo de la Ley de Patrimonio Histórico Español de 1985, mientras que la Ley del País Vasco se aprobó con intención de apurar la competencia autonómica. En los años siguientes se promulgaron otras leyes autonómicas: la Ley de Cataluña en 1993, aún vigente[116]; la de Galicia

---

[114]　Cfr. STC 17/1991, FJ 12.

[115]　Cfr. STC 17/1991, FJ 18.

[116]　Ley 9/1993, de 30 de septiembre, del Patrimonio Cultural Catalán, Diari Oficial de la Generalitat de Catalunya de 11 de octubre de 1993, BOE de 4 de noviembre de 1993.

en 1995, hoy sustituida por la de 2016, y las de Cantabria[117], Baleares[118] y Valencia en 1998[119], también en vigor en la actualidad, si bien la última sustancialmente modificada. Estas leyes se caracterizan por su diversidad ya que prácticamente todas aportan alguna novedad en terminología o en mecanismos de protección, de declaración o de tratamiento de los bienes[120].

La doctrina ha llamado la atención sobre el hecho de que se trata de un desarrollo tardío, consecuencia del retraso en considerar el patrimonio como un elemento de desarrollo económico. Este cambio de perspectiva se inicia con la incorporación de España a la Unión Europea, que propició una visión más economicista del patrimonio cultural como factor de desarrollo[121]. Sin negar la influencia de la incorporación de España a la Unión Europea, la sucesión de leyes autonómicas sobre patrimonio se puede ver también como un desarrollo lógico de las competencias de las Comunidades Autónomas en estos temas. Hay que tener en cuenta que el traspaso de competencias no fue un proceso uniforme ni inmediato, salvo en el caso de las Comunidades Autónomas históricas, que disfrutaron de plazos más reducidos.

El cambio de siglo determinó un punto de inflexión en la normativa autonómica. Desde entonces, los textos de las nuevas leyes ofrecen menos novedades, con reiteración de contenidos y escasas innovaciones. En este grupo pueden incluirse las Leyes autonómicas de Aragón[122] y Extremadura de 1999[123], de Asturias

---

[117]   Ley 11/1998, de 13 de octubre, de Patrimonio Cultural de Cantabria, Boletín Oficial de Cantabria de 2 de diciembre de 1998, BOE de 12 de enero de 1999.

[118]   Ley 12/1998, de 21 de diciembre, del Patrimonio Histórico de las Illes Balears, Boletín Oficial de Islas Baleares de 29 de diciembre de 1998, BOE de 5 de febrero de 1999.

[119]   Ley 4/1998, de 11 de junio, del Patrimonio Cultural Valenciano, Diari Oficial de la Generalitat Valenciana de 18 de junio de 1998, BOE de 22 de julio de 1998.

[120]   Cfr. *Nota de autor* del Código de Patrimonio Cultural de las Administraciones Públicas, cit., pp. 4-5. La legislación autonómica sobre patrimonio se encuentra compilada en una publicación del Ministerio de Cultura, «Patrimonio Cultural de las Administraciones Públicas», de la Subdirección General de Patrimonio Cultural, URL: http://www.boe.es/biblioteca_juridica [13-05-2025]. La edición utilizada es de marzo de 2025. Una recopilación más completa, incluyendo también normas de rango inferior —aunque no totalmente actualizada— puede verse en SORIANO, Silvia, *Dimensión constitucional y marco competencial del patrimonio histórico-artístico en España, op. cit.*, pp. 60 y ss.

[121]   Se hace eco de esta percepción GARCÍA RUIZ, Yolanda, *Patrimonio cultural de las confesiones religiosas en las Comunidades Autónomas: luces y sombras del modelo,* en «Derecho y Religión», n. 14, 2019, pp. 196-197.

[122]   Ley 3/1999, de 10 de marzo, del Patrimonio Cultural Aragonés, Boletín Oficial de Aragón de 29 de marzo de 1999, BOE de 13 de abril de 1999.

[123]   Ley 2/1999, de 29 de marzo, de Patrimonio Histórico y Cultural de Extremadura, Diario Oficial de Extremadura de 22 de mayo de 1999, BOE de 11 de junio de 1999.

de 2001[124], de La Rioja de 2004[125], de Navarra de 2005[126] y de Andalucía[127] y Murcia de 2007[128].

Gran parte de estas leyes han sido modificadas o sustituidas por otras nuevas. Así, se ha aprobado una nueva Ley de patrimonio cultural de Castilla-La Mancha en 2013[129], sustituyendo a la de 1990; la ya citada Ley de patrimonio cultural de Galicia en 2016[130]; en Canarias, la Ley de Patrimonio Cultural de 2019 sustituye a la de 1999[131]; también en 2019 el País Vasco aprueba una nueva Ley en sustitución de la de 1990[132]; la actual Ley de la Comunidad de Madrid, de 2023[133], es ya la tercera ley autonómica en esta materia, tras las de 1998 y 2013. La última aprobada hasta la fecha es la de Castilla-León de 2024[134].

El desarrollo autonómico no se ha llevado a cabo solo a través de las leyes generales de patrimonio. Además de esta normativa, casi todas las Comunidades Autónomas han aprobado también normas sectoriales sobre algún aspecto o sector concreto del patrimonio, que adquiere así regulación propia. En Cataluña, incluso antes de la Ley

---

[124]   Ley 1/2001, de 6 de marzo, del Patrimonio Cultural, del Principado de Asturias, Boletín Oficial del Principado de Asturias de 30 de marzo de 2001, BOE de 6 de junio de 2001.

[125]   Ley 7/2004 de 18 de octubre, de Patrimonio Cultural, Histórico y Artístico de La Rioja, Boletín Oficial de La Rioja de 23 de octubre de 2004, BOE de 11 de noviembre de 2004.

[126]   Ley Foral 14/2005, de 22 de noviembre, del Patrimonio Cultural de Navarra, Boletín Oficial de Navarra de 25 de noviembre de 2005, BOE de 21 de diciembre de 2005. Esta Ley se complementa con la Ley Foral 1/2019, de 15 de enero, de Derechos Culturales de Navarra, Boletín Oficial de Navarra de 25 de enero de 2019, BOE de 6 de febrero de 2019, que en su artículo 2 señala como principio inspirador de la actuación de los poderes públicos la «protección, conservación, difusión y puesta en valor del patrimonio cultural material e inmaterial de Navarra». Entre otros aspectos, regula el derecho de acceso y el disfrute de los bienes del patrimonio.

[127]   Ley 14/2007, de 26 de noviembre, del Patrimonio Histórico de Andalucía, Boletín Oficial de la Junta de Andalucía de 19 de diciembre de 2007, BOE de 13 de febrero de 2008.

[128]   Ley 4/2007, de 16 de marzo, de Patrimonio Cultural de la Comunidad Autónoma de la Región de Murcia, Boletín Oficial de la Región de Murcia de 12 de abril de 2007, BOE de 22 de julio de 2008. Aunque con un objetivo mucho más limitado, se había publicado ya en 1990 la Ley 4/1990, de 11 de abril, de medidas de fomento del patrimonio histórico de la Región de Murcia, Boletín Oficial de la Región de Murcia de 17 de mayo de 1990, BOE de 17 de julio de 1990.

[129]   Ley 4/2013, de 16 de mayo, de Patrimonio Cultural de Castilla-La Mancha, Diario Oficial de Castilla -La Mancha de 24 de mayo de 2013, BOE de 7 de octubre de 2013.

[130]   Ley 5/2016, de 4 de mayo, del patrimonio cultural de Galicia, Diario Oficial de Galicia de 16 de mayo de 2016, BOE de 18 de junio de 2016.

[131]   Ley 11/2019, de 25 de abril, de Patrimonio Cultural de Canarias, Boletín Oficial de Canarias de 13 de mayo de 2019, BOE de 12 de junio de 2019.

[132]   Ley 6/2019, de 9 de mayo, de Patrimonio Cultural Vasco, Boletín Oficial del País Vasco de 20 de mayo de 2019, BOE de 29 de mayo de 2019.

[133]   Ley 8/2023, de 30 de marzo, de Patrimonio Cultural de la Comunidad de Madrid, Boletín Oficial de la Comunidad de Madrid de 12 de abril de 2023, BOE de 12 de agosto de 2023.

[134]   Ley 7/2024, de 20 de junio, de Patrimonio Cultural de Castilla y León, Boletín Oficial de Castilla-León de 27 de junio de 2024, BOE de 23 de julio de 2024, que sustituye a la Ley anterior, de 2012.

general, se aprobó una ley sobre fomento del asociacionismo cultural[135]. Canarias, La Rioja, Galicia, Andalucía, Cantabria, Madrid o Castilla-La Mancha han dictado leyes en materia de artesanía. Otras han aprobado leyes sobre patrimonio inmaterial, sobre uso, protección y promoción de las lenguas y modalidades lingüísticas, sobre parques naturales, archivos, museos y bibliotecas, entre otras materias. En ocasiones, las leyes se centran en un bien específico del patrimonio, como sucedía con la Ley de 10 de mayo de 1996, de protección de los Caminos de Santiago, hoy derogada porque su contenido se ha incorporado a la Ley del patrimonio cultural de Galicia, de 2016, o la Ley Valenciana sobre el Misterio de Elche[136].

El análisis del contenido de las leyes autonómicas excede la pretensión de este trabajo[137]. Sin embargo, cabe mencionar algunas características de esta normativa que resultan de interés, comenzando por la propia denominación de las leyes. Las críticas que había suscitado la denominación de la LPHE, reduciendo la mención en su título al patrimonio de carácter histórico, posiblemente determinaron que en el ámbito autonómico prevaleciera la referencia al patrimonio cultural[138], que es como se denominan la gran mayoría de leyes autonómicas y que tiene un carácter más comprehensivo. Tan solo dos mantienen la denominación de patrimonio histórico[139], y otras dos optan por incluir el patrimonio histórico, cultural e incluso artístico[140].

---

[135]   Ley 2/1993, de 5 de marzo, de Fomento y Protección de la Cultura Popular y Tradicional y del Asociacionismo Cultural, Diari Oficial de la Generalitat de Catalunya, de 12 de marzo de 1993, BOE de 3 de abril de 1993. Sin perjuicio de su significado político, esta Ley afecta al patrimonio porque se dirige principalmente, entre otras, a las «entidades que promueven el estudio, la difusión y la conservación del patrimonio etnológico» (artículo 2).

[136]   Ley Valenciana 13/2005, de 22 de diciembre, del Misteri d'Elx, BOE de 17 de febrero de 2006.

[137]   Existen trabajos que estudian la legislación sobre patrimonio cultural eclesiástico en una Comunidad Autónoma determinada. Vid., entre otros, HERRERA, Enrique, *La protección jurídica del patrimonio religioso en Cantabria,* Ediciones Universidad de Cantabria, 2014; PONS-ESTEL, Catalina, *El patrimonio cultural de la Iglesia Católica en las Islas Baleares. Los convenios con las Administraciones públicas,* Granada, Comares, 2010; HERRERA, M. Ángeles, *Protección y acceso al patrimonio eclesiástico en la Comunidad de Castilla-León,* Valencia, Edisofer, 2017; VALENCIA, Rafael, *Régimen jurídico de los bienes culturales eclesiásticos en Extremadura,* en «Anuario de la Facultad de Derecho de la Universidad de Extremadura» n. 24, 2006, pp. 57 y ss; LABACA, Lourdes, *El patrimonio cultural de la Iglesia Católica en las Comunidades Autónomas. Especial referencia al País Vasco y Andalucía,* en «Revista sobre Patrimonio Cultural» (RIIPAC), n. 4, 2014, pp. 52 y ss.

[138]   Utiliza esta denominación por primera vez la Ley 7/1990 de 3 de julio, de Patrimonio Cultural Vasco, hoy sustituida por la de 2019. Cfr. GONZÁLEZ-VARAS, Ignacio, *Conservación del patrimonio cultural. Teoría, historia, principios y normas, op.cit.,* p. 641.

[139]   Ley de Patrimonio Histórico de Andalucía de 2007 y Ley de Patrimonio Histórico de Baleares de 1998.

[140]   Ley de Patrimonio Histórico y Cultural de Extremadura de 1999 y Ley de Patrimonio Cultural, Histórico y Artístico de La Rioja de 2004.

Asimismo, las leyes autonómicas han ido incorporando el contenido de los tratados y convenios internacionales suscritos por España y las nuevas tendencias en materia de patrimonio, que deja de ser solo un legado del pasado para constituirse también en un recurso con un amplio potencial en muy distintos ámbitos. Ejemplo de ello son la inclusión del patrimonio inmaterial en el concepto de patrimonio cultural o la atención que se presta al paisaje. También es cada vez mayor la implicación de la ciudadanía en la conservación del patrimonio; la legislación autonómica aboga por la intervención de los colectivos sociales mediante el impulso de políticas participativas[141], la consideración de la sostenibilidad en la gestión del patrimonio, y las funciones educativa y de cohesión social que tiene este elemento de la cultura[142].

El patrimonio eclesiástico ha encontrado en la legislación autonómica un reconocimiento explícito de su relevancia, cuya ausencia de la LPHE fue ampliamente criticada[143]. Con excepción de las Leyes de Patrimonio Cultural del País Vasco de 2019 y de Castilla-La Mancha de 2013 (que, no obstante, prevé la firma de convenios de colaboración con la Iglesia), las demás leyes autonómicas contienen al menos un artículo sobre el patrimonio eclesiástico y/o la cooperación con la Iglesia católica en este ámbito[144]. Algunas de estas leyes ponen de manifiesto la importancia de los bienes eclesiásticos en el conjunto del patrimonio de la Comunidad Autónoma, o el elevado número de bienes culturales que son de titularidad de las entidades de la Iglesia[145]. Por ejemplo,

---

[141]   Vid. a este respecto el preámbulo de la Ley de Patrimonio Cultural de Castilla y León de 2024. Ejemplos de esta participación son, entre otros, la intervención de las comunidades en la identificación del patrimonio cultural inmaterial, o el voluntariado cultural, previsto en el artículo 9 de la Ley de Patrimonio Cultural de Cantabria de 1998. Lo mencionan también el artículo 6 de la Ley de Patrimonio Cultural Histórico y Artístico de La Rioja de 2004, el artículo 4 de la Ley del Patrimonio Cultural de Asturias de 2001, el artículo 5 de la Ley de Patrimonio Cultural Valenciano de 1998 y el artículo 9 de la Ley de Patrimonio Cultural de Castilla-León de 2024.

[142]   Vid. el preámbulo de la Ley de Patrimonio Cultural de Madrid de 2023.

[143]   Pese a ello, si se comparan las leyes vigentes con las primeras leyes autonómicas de patrimonio, se aprecia que han disminuido las referencias a la Iglesia católica. Cfr. ÁLVAREZ CORTINA, Andrés C., *Destino al culto y valor cultural (concurrencia y conflicto)*, op. cit., pp. 86-87.

[144]   La Ley de Patrimonio Histórico de Andalucía de 2007 no se refiere al patrimonio eclesiástico en su articulado, pero en la disposición adicional quinta recoge una serie de normas sobre inscripción y transmisión de los bienes de la Iglesia católica. Esta disposición adicional parece remitirse a la normativa emanada de la Comisión Mixta Junta de Andalucía-Obispos de Andalucía para el Patrimonio Cultural, de 19 de diciembre de 1985, como marco normativo del patrimonio histórico de Andalucía. Por Orden de la Consejería de Cultura de 14 abril 1999 se dispone la publicación de una *Addenda* a este Acuerdo que —señala la Orden— «ha constituido un cauce eficaz de colaboración entre ambas partes en todos los temas relacionados con el Patrimonio Histórico, Artístico y Documental de la Iglesia Católica, parte importantísima del acervo cultural de la Comunidad Autónoma Andaluza».

[145]   Ley del Patrimonio Cultural Catalán de 1993, artículo 4; Ley del patrimonio cultural de Galicia de 2016, artículo 6; Ley del Patrimonio Cultural de Asturias de 2001, artículo 5; Ley del Patrimonio Cultural de Cantabria de 1998, artículo 8; Ley de Patrimonio Cultural Histórico y Artístico de La Rioja

la Ley de La Rioja, una de las escasas normas autonómicas que aluden al patrimonio de confesiones no católicas, reconoce la singularidad del patrimonio eclesiástico en el conjunto del patrimonio de titularidad de las confesiones. A estos efectos, dispone que

> «a los bienes culturales eclesiásticos y de las demás confesiones religiosas les será de aplicación el régimen general de protección, conservación, fomento y difusión previsto en esta Ley, sin perjuicio de las singularidades que pudieran derivarse para la Iglesia Católica como sujeto de derecho, de conformidad con los acuerdos suscritos entre el Estado Español y la Santa Sede»[146].

Por tanto, la legislación autonómica reitera que los bienes eclesiásticos están sometidos al régimen general de protección y tutela establecido para todos los bienes del patrimonio histórico-artístico. Según el reparto competencial, nada impediría que hubiera un tratamiento particular de los bienes eclesiásticos de la Comunidad Autónoma, pero se ha preferido seguir el criterio general de adoptar un régimen único, cualquiera que sea la titularidad de los bienes.

La legislación autonómica trata también de hacer efectivo el principio de cooperación en el ámbito de su competencia. Algunos de los artículos mencionados aluden a la necesidad de colaboración entre las autoridades eclesiásticas y civiles para resolver los asuntos de interés común en esta materia, en el marco de lo dispuesto en el Acuerdo entre el Estado Español y la Santa Sede[147]. Se establecen los convenios de colaboración como cauce para el desarrollo de la cooperación, teniendo siempre como finalidad asegurar la conservación e incrementar la seguridad de los bienes del patrimonio[148]. En ocasiones se prevé que la Iglesia católica tenga representación en los Consejos autonómicos de Patrimonio Histórico[149]. Además, se dispone la creación

---

de 2004, artículo 7; Ley de Patrimonio Cultural de Murcia de 2007, artículo 6; Ley del Patrimonio Cultural Valenciano de 1998, artículo 6; Ley del Patrimonio Cultural Aragonés de 1999, artículo 82; Ley de Patrimonio Cultural de Canarias de 2019, artículo 7; Ley del Patrimonio Cultural de Navarra de 2005, artículo 7; Ley del Patrimonio Histórico de las Illes Baleares de 1998, artículo 4; Ley de Patrimonio Cultural de Madrid de 2003, artículo 10.

[146]   Ley de Patrimonio Cultural Histórico y Artístico de La Rioja de 2004, artículo 7.3. En este mismo sentido, cfr. Ley de Patrimonio Histórico y Cultural de Extremadura de 1999, artículo 3.2; Ley de Patrimonio Cultural de Madrid de 2003, artículo 10.

[147]   Ley del Patrimonio Cultural Catalán de 1993, artículo 4; Ley del patrimonio cultural de Galicia de 2016, artículo 6; Ley del Patrimonio Cultural de Asturias de 2001, artículo 5; Ley del Patrimonio Cultural de Cantabria de 1998, artículo 8; Ley del Patrimonio Cultural Valenciano de 1998, artículo 6; Ley de Patrimonio Cultural de Madrid de 2003, artículo 10.

[148]   Ley del patrimonio cultural de Galicia de 2016, disposición adicional décima; Ley de Patrimonio Cultural Histórico y Artístico de La Rioja de 2004, artículo 7; Ley de Patrimonio Cultural de Murcia de 2007, artículo 6; Ley de Patrimonio Cultural de Castilla-La Mancha de 2013, disposición adicional primera.

[149]   Artículo 78.4 de la Ley del Patrimonio Cultural Aragonés; artículo 7.3 de la Ley del Patrimonio Cultural de Asturias.

de una comisión mixta integrada por las autoridades de la Comunidad Autónoma y las autoridades de las diócesis correspondientes. La puesta en marcha y funcionamiento de estas comisiones autonómicas determinó la inactividad, como se ha indicado, de la Comisión Nacional Mixta creada en el año 1980[150].

El doble valor cultural y religioso de los bienes del patrimonio eclesiástico se refleja en una serie de obligaciones que corresponden a las autoridades eclesiásticas en relación con el patrimonio. La principal obligación de la Iglesia es garantizar la conservación y protección de los bienes destinados a usos litúrgicos; se refieren a este deber las Leyes de La Rioja, Canarias, Cantabria, Cataluña y Murcia. Esta última impone la obligación de conservación y protección de los bienes a las entidades de la Iglesia católica, en general, pero de manera específica a las Cofradías y Hermandades Pasionarias y de Gloria, que, señala la Ley, son titulares de una parte importante del patrimonio cultural murciano[151]. Otras obligaciones de las autoridades eclesiásticas, según la normativa autonómica, son velar por la protección y difusión del patrimonio[152], promover su acrecentamiento y visualización[153], velar por que en las actividades de culto se garantice la conservación de los bienes históricos[154] y prestar a las autoridades civiles la colaboración necesaria para el cumplimiento de la Ley[155].

El interés en la protección del patrimonio autonómico ha llevado a la normativa autonómica, en algún caso, a extralimitarse en el ejercicio de sus competencias.

---

[150]   Ley del Patrimonio Cultural Catalán de 1993, artículo 4; Ley del patrimonio cultural de Galicia de 2016, artículo 6; Ley del Patrimonio Cultural de Cantabria de 1998, artículo 8; Ley del Patrimonio Cultural Aragonés de 1999, artículo 82; Ley de Patrimonio Cultural de Canarias de 2019, artículo 7, que incluye en la comisión mixta, además del Gobierno de Canarias, a los cabildos insulares y a la Federación Canaria de municipios; Ley del Patrimonio Cultural de Navarra de 2005, artículo 7; Ley de Patrimonio Histórico y Cultural de Extremadura de 1999, artículo 3.2; Ley del Patrimonio Histórico de las Illes Baleares de 1998, artículo 4; Ley de Patrimonio Cultural de Castilla-León de 2024, artículo 10.

[151]   Ley de Patrimonio Cultural de Murcia de 2007, artículo 6.

[152]   Ley del Patrimonio Cultural Catalán de 1993, artículo 4; Ley del Patrimonio Cultural de Asturias de 2001, artículo 5; Ley del Patrimonio Cultural de Cantabria de 1998, artículo 8; Ley de Patrimonio Cultural Histórico y Artístico de La Rioja de 2004, artículo 7; Ley de Patrimonio Cultural de Murcia de 2007, artículo 6; Ley del Patrimonio Cultural Aragonés de 1999, artículo 82; Ley del Patrimonio Cultural de Canarias de 2019, artículo 7; Ley del Patrimonio Cultural de Navarra de 2005, artículo 7; Ley de Patrimonio Histórico y Cultural de Extremadura de 1999, artículo 3.2; Ley del Patrimonio Histórico de las Illes Baleares de 1998, artículo 4.

[153]   Ley del patrimonio cultural de Galicia de 2016, artículo 6; Ley de Patrimonio Cultural de Madrid de 2003, artículo 10.

[154]   Ley del Patrimonio Cultural de Cantabria de 1998, artículo 8; Ley de Patrimonio Cultural Histórico y Artístico de La Rioja de 2004, artículo 7; Ley de Patrimonio Cultural de Madrid de 2003, artículo 10. En opinión de Aldanondo, estas normas son un reflejo de la necesidad de armonizar los valores religioso y cultural de los bienes eclesiásticos. Cfr. ALDANONDO, Isabel, *El patrimonio cultural de las confesiones religiosas en España, op. cit.*, p. 164.

[155]   Ley del Patrimonio Cultural Valenciano de 1998, artículo 6; Ley del Patrimonio Histórico de las Illes Baleares de 1998, artículo 4.

Ciertamente, no ha sido frecuente. El supuesto más conocido es el de la regulación de la enajenación de los bienes eclesiásticos de valor cultural en la Ley aragonesa. Las leyes autonómicas que mencionan este aspecto de su régimen jurídico se remiten a las limitaciones impuestas a la enajenación de bienes del patrimonio en el artículo 28 de la LPHE[156]. La Ley aragonesa, sin embargo, introduce en el artículo 62 una restricción más amplia, al disponer que

> «los bienes muebles incluidos en el censo general del patrimonio cultural aragonés que estén en posesión de instituciones eclesiásticas no podrán transmitirse por título oneroso o gratuito ni cederse a particulares ni a entidades mercantiles. Dichos bienes sólo podrán ser enajenados o cedidos al Estado, a la Comunidad Autónoma, a las entidades locales aragonesas o a otras instituciones eclesiásticas con sede en Aragón».

Esta limitación excede de la normativa estatal en dos aspectos. La legislación aragonesa aplica la restricción señalada a todos los bienes muebles incluidos en el censo del patrimonio cultural aragonés con carácter definitivo; la LPHE, sin embargo, solo considera afectados por esta limitación los bienes muebles declarados de interés cultural y los incluidos en el Inventario General; los demás bienes muebles eclesiásticos integrantes del patrimonio solo están afectados por esta norma con carácter transitorio[157]. El motivo de esta disposición transitoria era proporcionar a la Administración un tiempo suficiente para que pudiera declarar BIC o incluir en el Inventario General aquellos bienes que merecieran tal consideración. Los sucesivos plazos han sido insuficientes para llevar a cabo esta tarea, pero en todo caso, no se ha transformado la norma en indefinida, como hace el artículo 62 de la Ley aragonesa[158].

---

[156]   Artículo 28 de la LPHE: «1. Los bienes muebles declarados de interés cultural y los incluidos en el Inventario General que estén en posesión de instituciones eclesiásticas, en cualquiera de sus establecimientos o dependencias, no podrán transmitirse por título oneroso o gratuito ni cederse a particulares ni a entidades mercantiles. Dichos bienes sólo podrán ser enajenados o cedidos al Estado, a entidades de Derecho Público o a otras instituciones eclesiásticas. 2. Los bienes muebles que forman parte del Patrimonio Histórico Español no podrán ser enajenados por las Administraciones Públicas, salvo las transmisiones que entre sí mismas éstas efectúen y lo dispuesto en los artículos 29 y 34 de esta Ley. 3. Los bienes a que se refiere este artículo serán imprescriptibles. En ningún caso se aplicará a estos bienes lo dispuesto en el artículo 1.955 del Código Civil».

[157]   Cfr. disposición transitoria quinta de la LPHE: «En los diez años siguientes a la entrada en vigor de esta Ley, lo dispuesto en el artículo 28.1 de la misma se entenderá referido a los bienes muebles integrantes del Patrimonio Histórico Español en posesión de las instituciones eclesiásticas». El plazo previsto en esta Ley en relación con el Inventario de Bienes Muebles de la Iglesia, y en relación a su vez con esta disposición, se amplió en varias ocasiones; la última, se amplía por cinco años a partir del 30 de abril de 2021, según establece la disposición adicional única de la Ley 6/2021, de 28 de abril, BOE de 29 de abril.

[158]   Cfr. ALDANONDO, Isabel, *El patrimonio cultural de las confesiones religiosas en España, op. cit.*, p. 165.

Otra limitación introducida por la Ley aragonesa se refiere a los destinatarios de las transmisiones de estos bienes eclesiásticos: según la LPHE, podrán serlo el Estado, las entidades de Derecho Público u otras instituciones eclesiásticas. La Ley aragonesa permite enajenarlos al Estado, a entidades autonómicas o locales aragonesas, o a instituciones eclesiásticas *con sede en Aragón*. Este último inciso, en opinión de algunos autores, excede el orden competencial establecido en la Constitución, si bien no se ha interpuesto ningún recurso de inconstitucionalidad contra esa norma[159].

---

[159]   Cfr. BARRERO, Concepción, *La reforma de la Ley de Patrimonio Histórico ante el decimoquinto aniversario de su aprobación,* en «Patrimonio Cultural y Derecho», n. 13, 2009, p. 36; ALDANONDO, Isabel, *El patrimonio cultural de las confesiones religiosas en España, op. cit.*, p. 166.

Capítulo II

BIENES DEL PATRIMONIO CULTURAL

La identificación de los bienes que integran el patrimonio histórico-artístico español constituye un presupuesto fundamental para el análisis de cualquier otro aspecto de su régimen jurídico. Esta labor presenta ciertas dificultades, fundamentalmente por dos razones. En primer lugar, resulta complejo determinar qué categorías de bienes están incluidas en dicho patrimonio. La legislación y la doctrina emplean diversas denominaciones —como patrimonio histórico, patrimonio histórico-artístico o patrimonio cultural— que, si bien aluden a diferentes tipos en sentido estricto, en la práctica se utilizan de forma intercambiable para referirse a un mismo conjunto de bienes. Incluso, en ocasiones, se recurre simplemente al término *patrimonio*, en un contexto que implica la protección de bienes dotados de un valor específico que trasciende lo meramente económico. Por ello, resulta imprescindible precisar la naturaleza de los bienes susceptibles de protección legal.

Una vez delimitadas estas categorías generales, es preciso determinar qué bienes concretos poseen tales características y, además, cumplen los requisitos exigidos por la normativa para ser considerados parte del patrimonio protegido. En los apartados siguientes se analizará, en primer término, la naturaleza de los bienes que de acuerdo con la legislación vigente integran el patrimonio histórico-artístico español, para luego abordar la titularidad y los actos formales de declaración, que contribuyen a definir los límites de dicho patrimonio.

1. Naturaleza

A. El carácter histórico

El artículo 46 de la Constitución Española establece la obligación de proteger aquellos bienes que posean un valor histórico, cultural o artístico. No obstante, la Ley de Patrimonio Histórico Español, en su denominación, hace referencia únicamente al patrimonio *histórico*. A primera vista, esta terminología podría inducir a pensar que la LPHE se circunscribe exclusivamente a una de las categorías mencionadas en la Constitución, dejando fuera aquellos bienes cuyo valor sea meramente artístico o cultural. Sin embargo, esta interpretación resulta errónea[160]. A pesar de que el título de la Ley y el rechazo parlamentario a la propuesta de modificar su denominación a «Ley de Patrimonio Histórico-Artístico» pudieran sugerir una limitación de su ámbito de aplicación[161], lo cierto es que la LPHE abarca todos los bienes integrantes del patrimonio español, sin distinción por el tipo de valor que representen. Las razones que motivaron su denominación última fueron diversas. Entre ellas, destaca el deseo de marcar un distanciamiento conceptual y simbólico respecto a la Ley de Patrimonio Histórico-Artístico de 1933. A esto se suma la influencia de la doctrina italiana, según la cual la expresión *patrimonio histórico* engloba el conjunto de bienes que constituyen testimonios materiales de una civilización, independientemente de su valor artístico específico. Desde esta perspectiva, el carácter artístico no sería un requisito necesario para que un bien fuera considerado parte del patrimonio[162].

El legislador de 1985 subrayó la importancia del patrimonio como expresión de los valores culturales de una época, por encima de su dimensión meramente monumental, artística o estética. En consonancia con este planteamiento, el término *histórico* no se utiliza en un sentido estrictamente cronológico, en el sentido de tiempo pretérito, sino como una referencia al conjunto de elementos que reflejan la herencia cultural de un pueblo y que permiten su análisis desde una perspectiva crítica y contextualizada. Así, lo *histórico* incluye aquellos bienes que, por su relevancia social, simbólica o documental, permiten comprender la evolución de una comunidad y la manera en que el pasado configura el presente.

---

[160]   No obstante, el elemento histórico del patrimonio había estado muy presente en la redacción del artículo 46 de la Constitución, que en su versión del anteproyecto (entonces artículo 39) no hablaba de patrimonio, sino de «legado histórico, cultural y artístico». Una enmienda debatida en la Comisión del Senado y aprobada por amplia mayoría propuso cambiar legado por patrimonio. Esta perspectiva histórica parece estar todavía latente en algunos aspectos de la LPHE. Sobre el *iter* constitucional del artículo 46, vid. ALEGRE Ávila, Juan M., *Evolución y régimen jurídico del patrimonio histórico,* Madrid, Ministerio de Cultura, 1994, pp. 267 y ss.

[161]   Cfr. ALEGRE Ávila, Juan M., *Evolución y régimen jurídico del patrimonio histórico, op. cit.,* p. 305. El autor recoge los debates parlamentarios sobre la Ley y sus enmiendas.

[162]   Cfr. ALEGRE Ávila, Juan M., *Evolución y régimen jurídico del patrimonio histórico, op. cit.,* pp. 305, 328. Este autor es de los pocos que sostienen que, pese a sus limitaciones, el adjetivo *histórico* es más adecuado que *cultural* para calificar a este tipo de bienes, dado el amplísimo alcance del término cultura, que lo hace inoperativo para la protección del patrimonio. En este mismo sentido, cfr. ANGUITA, Luis, *Reflexiones sobre la ley 16/1985, de 25 de junio, del patrimonio histórico español, op. cit.,* pp. 85 y ss.; pone como ejemplo el fútbol, que considera parte esencial de la cultura de España en la actualidad, y, sin embargo, ningún estadio ha sido declarado como bien cultural en ninguna de sus diferentes categorías.

En este marco, la distinción entre lo antiguo y lo contemporáneo no es rígida, sino que depende del enfoque adoptado. Algunos bienes adquieren protección únicamente por razón de su antigüedad —como ocurre con los documentos de más de cien años, independientemente de su contenido—. En otros casos, la protección legal no exige un determinado transcurso temporal, sino que se fundamenta en la relevancia cultural, simbólica o representativa del bien en cuestión. Por tanto, la antigüedad es un criterio valorativo más, pero no imprescindible[163].

Este razonamiento parecería entrar en contradicción con la disposición de la LPHE que impide declarar Bien de Interés Cultural una obra de un autor vivo[164]. Sin embargo, esta restricción no tiene como objetivo exigir un componente de antigüedad, sino evitar conflictos con los derechos morales y patrimoniales del creador. Además, se reconoce que el interés cultural de una obra suele requerir cierto distanciamiento temporal para que pueda ser evaluado con objetividad, libre de las influencias inmediatas del contexto social o político. La excepción prevista por la propia Ley —que permite la declaración como BIC si el autor consiente o si la obra es adquirida por la Administración— confirma que la historicidad no constituye un requisito indispensable para el reconocimiento del valor cultural de un bien.

En consecuencia, puede afirmarse que la LPHE —y, por extensión, el conjunto del ordenamiento jurídico relativo al patrimonio— resulta aplicable a todos aquellos bienes que poseen un valor cultural en el sentido expuesto, aun cuando en la doctrina jurídica se haya consolidado el uso de expresiones como patrimonio histórico o patrimonio histórico-artístico[165]. El verdadero reto radica, entonces, en delimitar con precisión el concepto de valor cultural, de modo que permita identificar de manera objetiva los bienes que son merecedores de protección legal.

El término *cultura* abarca un espectro particularmente amplio. Incluye los modos de vida, costumbres, conocimientos, y los distintos grados de desarrollo artístico, científico e industrial alcanzados por un grupo social en un contexto histórico determinado. Desde esta perspectiva, el patrimonio cultural comprende todos aquellos bienes que representan de forma significativa la identidad y la memoria colectiva de una comunidad, y que, por tanto, deben ser conservados como parte de su legado. Esta dimensión trascendente del patrimonio cultural

---

[163] Cfr. ALEGRE ÁVILA, Juan M., *Evolución y régimen jurídico del patrimonio histórico, op. cit.*, pp. 328 y ss.

[164] Artículo 9.4: «No podrá ser declarada Bien de Interés Cultural la obra de un autor vivo, salvo si existe autorización expresa de su propietario o media su adquisición por la Administración».

[165] En el contexto de este trabajo, las expresiones patrimonio histórico, patrimonio histórico-artístico y patrimonio cultural deben entenderse como equivalentes, referidas a unos bienes protegidos en atención a su función social de expresión de la cultura, con independencia de la mayor o menor funcionalidad o adecuación del término.

es la que justifica su proyección hacia el interés general y el disfrute colectivo, independientemente de la titularidad privada o pública de los bienes. Por ello, la intervención de los poderes públicos en su tutela, conservación y promoción no solo es legítima, sino necesaria, en la medida en que garantiza el acceso de las generaciones presentes y futuras a los referentes simbólicos que conforman su identidad cultural[166].

B. Aproximación legal

La LPHE opta por una aproximación práctica. En lugar de proponer un concepto de bienes culturales ofrece una lista de tipos de bienes que integran el patrimonio, y establece distintos niveles de protección en función del valor cultural del bien[167]. Según el artículo 1 de la Ley, el patrimonio histórico español comprende los bienes inmuebles y los objetos muebles de interés artístico, histórico, paleontológico, arqueológico, etnográfico, científico o técnico; el patrimonio documental y bibliográfico, los yacimientos y zonas arqueológicas, así como los sitios naturales, jardines y parques, que tengan valor artístico, histórico o antropológico; y, finalmente, los bienes que integran el patrimonio cultural inmaterial, de conformidad con lo que establezca su legislación especial.

Como todas las relaciones que pretenden ser exhaustivas, esta lista plantea algunas dificultades respecto de su alcance. La enumeración que incluye deja de lado algunas categorías de bienes que sin duda forman parte del patrimonio histórico-artístico[168]. Un ejemplo es la música, que no se incluye expresamente a pesar de su indudable valor histórico, artístico y cultural, y del amplio patrimonio musical que hay en España, en el que destaca el perteneciente la Iglesia católica. Aunque la música está implícitamente contenida en el patrimonio inmaterial, su singularidad la hace acreedora de una mención específica. La particularidad de la música deriva de las distintas vertientes de esta manifestación artística. Es, por una parte, expresión del patrimonio cultural inmaterial, y también forma parte del patrimonio etnográfico. Por otra parte, en torno a ella se encuentran otros elementos tangibles dignos de protección, como los instrumentos, los libros musicales y las partituras,

---

[166] Cfr. CABALLERO, Rafael, *Títulos constitucionales y técnicas administrativas de intervención del Estado en el patrimonio histórico-artístico de titularidad eclesiástica, op. cit.*, pp. 191-192.

[167] El preámbulo de la LPHE (vid. párrafo 4) afirma que la Ley «consagra una nueva definición de Patrimonio Histórico», pese a que en realidad el articulado no incluye propiamente una definición. Sí lo hace, en cambio, el propio preámbulo, que poco más adelante señala que la Ley busca «asegurar la protección y fomentar la cultura material debida a la acción del hombre en sentido amplio, y concibe aquélla como un conjunto de bienes que en sí mismos han de ser apreciados, sin establecer limitaciones derivadas de su propiedad, uso, antigüedad o valor económico».

[168] El Proyecto de Ley de Patrimonio Histórico elaborado para sustituir a la Ley actual incluía también el patrimonio cinematográfico y audiovisual dentro del ámbito protegido por la Ley.

o los edificios sedes de instituciones musicales. De ahí que algunos autores hayan defendido la conveniencia de singularizar la música dentro de las categorías del patrimonio[169].

Por el contrario, la relación de bienes del artículo 1 comprende otras categorías que no es tan evidente que deban incluirse en ella. Es lo que ocurre con la paleontología, que pertenece a las ciencias naturales, no a las humanas, sin perjuicio del potencial valor histórico que puedan tener los bienes de este tipo[170].

A esta dificultad se une el hecho de que, en algún caso, las expresiones utilizadas por la LPHE adoptan una acepción particular. Así sucede con la definición de bien inmueble empleada por la LPHE, que es más amplia que el concepto derivado del Código Civil. El artículo 334 del Código Civil considera bienes inmuebles entre otros elementos, todo lo que esté unido a un inmueble de una manera fija, de suerte que no pueda separarse de él sin quebrantamiento de la materia o deterioro del objeto, así como las estatuas, relieves, pinturas u otros objetos de uso u ornamentación, colocados en edificios o heredades por el dueño del mueble en tal forma que revele el propósito de unirlos de un modo permanente al fundo; es decir, tienen la consideración de bienes inmuebles por incorporación o destino[171]. La LPHE amplía el alcance de este término, que no solo abarca los elementos que

---

[169] Vid. sobre este tema GOMIS CORELL, Joan C., *La música como patrimonio. La difusión como estrategia para su protección,* en Marzal, Reyes (coord.), «El valor cultural de la música. Punto de partida para el estudio del patrimonio musical»*,* Navarra, Thomson Reuters Aranzadi, 2016, pp. 43 y ss. El autor defiende que la música es testimonio histórico-cultural antes que expresión estética. Considera, además, que la primacía del valor estético de la música en Occidente ha sido uno de los principales errores a la hora de determinar qué manifestaciones musicales son dignas de considerarse parte del patrimonio y, por tanto, preservarse (p. 44). En el mismo sentido, ANGUITA, Luis, *Reflexiones sobre la ley 16/1985, de 25 de junio, del patrimonio histórico español, op.* cit., p. 86.

[170] *Ibidem,* p. 87.

[171] El texto completo del artículo 334 dispone: «Son bienes inmuebles: 1. Las tierras, edificios, caminos y construcciones de todo género adheridas al suelo. 2. Los árboles y plantas y los frutos pendientes, mientras estuvieren unidos a la tierra o formaren parte integrante de un inmueble. 3. Todo lo que esté unido a un inmueble de una manera fija, de suerte que no pueda separarse de él sin quebrantamiento de la materia deterioro del objeto. 4. Las estatuas, relieves, pinturas u otros objetos de uso u ornamentación, colocados en edificios o heredades por el dueño del mueble en tal forma que revele el propósito de unirlos de un modo permanente al fundo. 5. Las máquinas, vasos, instrumentos o utensilios destinados por propietario de la finca a la industria o explotación que se realice en un edificio o heredad, y que directamente concurran a satisfacer las necesidades de la explotación misma. 6. Los viveros de animales, palomares, colmenas, estanques de peces o criaderos análogos cuando el propietario los haya colocado o los conserve con el propósito de mantenerlos unidos a la finca, y formando parte de ella de un modo permanente. 7. Los abonos destinados al cultivo de una heredad, que estén en las tierras donde hayan de utilizarse. 8. Las minas, canteras y escoriales, mientras su materia permanece unida al yacimiento y las aguas vivas o estancadas. 9. Los diques y construcciones que, aun cuando sean flotantes, estén destinados por su objeto y condiciones a permanecer en un punto fijo de un río, lago o costa. 10. Las concesiones administrativas de obras públicas y las servidumbres y demás derechos reales sobre bienes inmuebles».

menciona el Código Civil, sino todos los que son consustanciales con los edificios y que formen o hayan formado parte de los mismos o de su entorno[172]. La Ley no ofrece una caracterización de estos elementos *consustanciales*, y no resulta sencillo identificarlos. No son inmuebles por incorporación o destino, porque esas categorías ya están incluidas en la definición del Código civil. Constituirían un tipo distinto de inmueble (inmuebles por vinculación), integrado por elementos de la estructura del edificio que son susceptibles de ser separados sin por ello perjudicar, al menos de un modo visible, al valor histórico o artístico del inmueble, pudiendo ser aplicados a otras construcciones o usos distintos del suyo original; por ejemplo, columnas, puertas, escudos, etc.[173]

Cuestión distinta es si determinados bienes muebles de interés cultural deberían conformar una unidad jurídica con el inmueble en que se hallan, porque es en ese destino específico donde cobran todo su valor; por ejemplo, un documento que se conserva en la casa donde vivió su autor. Esta determinación es importante porque ciertos inmuebles religiosos pertenecientes al patrimonio albergan bienes muebles que carecerían de sentido desvinculados del inmueble. Es el caso de relicarios, imágenes, y otros similares, que se encuentran en iglesias declaradas BIC, y que justifican por sí mismas la propia existencia del inmueble o su valor histórico. La LPHE no prohíbe expresamente que estos bienes muebles sean objeto de relaciones separadas del inmueble, pero habría que valorar la posible unidad con el inmueble antes de autorizar cualquier relación jurídica independiente del edificio[174].

El concepto de patrimonio histórico y cultural recogido en la normativa autonómica suele ser, en términos generales, más detallado y específico que el definido en

---

[172] Artículo 14 de la LPHE: «Para los efectos de esta Ley tienen la consideración de bienes inmuebles, además de los enumerados en el artículo 334 del Código Civil, cuantos elementos puedan considerarse consustanciales con los edificios y formen parte de los mismos o de su entorno, o lo hayan formado, aunque en el caso de poder ser separados constituyan un todo perfecto de fácil aplicación a otras construcciones o a usos distintos del suyo original, cualquiera que sea la materia de que estén formados y aunque su separación no perjudique visiblemente al mérito histórico o artístico del inmueble al que están adheridos».

[173] Cfr. ALEGRE ÁVILA, Juan M., *Evolución y régimen jurídico del patrimonio histórico, op. cit.*, pp. 340-341; GASPAR, Silvia, *Limitaciones a la libertad de enajenación de los bienes culturales,* en «Derecho Privado y Constitución», n. 42, 2023, p. 59. Vid. a este respecto el problema planteado por la venta de bienes muebles que habían pertenecido al Monasterio de Sijena, *ibidem*, pp. 62 y ss.; ALDANONDO, Isabel, *Nuevas controversias en torno a los bienes culturales del Monasterio de Sijena: las pinturas murales de la sala capitular,* en Roca, M. José, y Godoy, Olaya (coords.), «Patrimonio histórico-artístico de la Iglesia Católica. Régimen jurídico de su gestión y tutela», Valencia, Tirant lo Blanch, 2018, pp. 519 y ss.

[174] Cfr. GASPAR, Silvia, *Limitaciones a la libertad de enajenación de los bienes culturales, op. cit.,* p. 61.

la LPHE. Además de las categorías previstas en esta última, las leyes autonómicas incluyen otras modalidades, como el patrimonio lingüístico (País Vasco, La Rioja, Canarias, Aragón), el patrimonio industrial (País Vasco, Navarra, Murcia, Andalucía, Castilla-La Mancha), los espacios mineros (Cantabria), el patrimonio audiovisual (La Rioja), el cinematográfico (Aragón), e incluso, en un enfoque claramente integrador, el patrimonio social (Islas Baleares)[175]. Aunque algunos autores, justamente críticos con esta proliferación de categorías, advierten sobre posibles motivaciones espurias —incrementar el ámbito de aplicación de las leyes sobre patrimonio—[176], la realidad es que esta forma de proceder tiene su razón de ser, porque desde la aprobación de la LPHE el concepto de patrimonio ha experimentado un proceso de ampliación impulsado por una mayor concienciación sobre su impacto en las generaciones futuras, su valor educativo, su repercusión económica o su interacción con el turismo o el tejido social.

Estas nuevas perspectivas se reflejan en normas y tratados internacionales suscritos por España, como la Carta de Nizhny Tagil sobre el Patrimonio Industrial de 2003[177], o la Convención de la UNESCO para la Salvaguardia del Patrimonio Cultural Inmaterial, del mismo año, que dio lugar a la promulgación de la Ley 10/2015, para la salvaguardia de este tipo de bienes patrimoniales[178]. Estos instrumentos legitiman la incorporación de nuevas categorías patrimoniales a las leyes autonómicas, que en su mayoría son posteriores a la LPHE.

Un sector de la doctrina jurídica sostiene que la proliferación de categorías de bienes a nivel autonómico no constituye una técnica normativa adecuada. De acuerdo con este planteamiento, correspondería a la LPHE la definición de las categorías objeto de protección, quedando en manos de las Comunidades Autónomas la determinación de qué bienes se integran en cada una de ellas, a través de los correspondientes procedimientos declarativos. Este planteamiento resulta coherente con el reparto competencial establecido en la Constitución, en la medida en que al Estado le incumbe la regulación del contenido esencial del derecho de propiedad y la protección frente al expolio, lo que exige una identificación clara y uniforme de los bienes protegidos.

---

[175] Aunque de difícil encaje en el ámbito del patrimonio histórico-artístico, se protege también en algunos casos el patrimonio vivo. Vid., por ejemplo, la Ley de la Comunidad de Valencia 4/2006, de 19 de mayo, de patrimonio arbóreo monumental, Diari Oficial de la Comunitat Valenciana de 24 de mayo de 2006, BOE de 29 de junio de 2006.

[176] Cfr. Anguita, Luis, *Reflexiones sobre la ley 16/1985, de 25 de junio, del patrimonio histórico español, op. cit.*, pp. 74-75; González-Varas, Ignacio, *Conservación del patrimonio cultural. Teoría, historia, principios y normas, op. cit.*, p. 639.

[177] Disponible en URL: https://ticcih.org/wp-content/uploads/2013/04/NTagilSpanish.pdf [13-05-2025].

[178] Ley 20/2015, de 26 de mayo, para la salvaguardia del Patrimonio Cultural Inmaterial, BOE de 27 de mayo de 2015.

Asimismo, se lograría una mejor correspondencia entre los beneficios fiscales previstos por la normativa estatal y los bienes efectivamente declarados como patrimoniales conforme a las categorías legales[179].

La legislación autonómica utiliza también como criterio definitorio del patrimonio el elemento territorial. Tampoco aquí existe una pauta uniforme. Algunas normativas toman como referencia para delimitar su alcance competencial la ubicación geográfica del bien, mientras que otras valoran el grado de vinculación cultural con la Comunidad, entre otros factores. A este problema hay que añadir las dificultades derivadas de la jurisdicción canónica, concretamente, la modificación de los límites de las diócesis y la falta de coincidencia con el ámbito territorial de las Comunidades Autónomas[180]. Estas diferencias han dado lugar a controversias entre Comunidades Autónomas acerca del destino final de determinados bienes patrimoniales[181]. Aunque las competencias autonómicas se ejercen, en principio, sobre los bienes localizados en el propio territorio, ello no impide que una Comunidad pueda promover la recuperación de elementos culturales que, pese a estar fuera de su ámbito geográfico, formen parte de su identidad cultural[182].

Conviene recordar, en todo caso, el principio de unidad del patrimonio histórico español. Como ha señalado el Tribunal Constitucional, el patrimonio de una Comunidad Autónoma está compuesto por los bienes del patrimonio histórico español ubicados en su territorio (excepto aquellos adscritos a servicios de competencia estatal). Por tanto, el patrimonio autonómico no constituye un

---

[179]   Cfr. ANGUITA, Luis, *Reflexiones sobre la ley 16/1985, de 25 de junio, del patrimonio histórico español, op. cit.*, pp. 78-79, y bibliografía que cita.

[180]   El conflicto más conocido que ha provocado este aspecto es el de los bienes de la Franja, que enfrentó a las diócesis de Lérida y Barbastro-Monzón. Vid. sobre este tema AZNAR GIL, Federico, *La propiedad de los bienes artísticos de las parroquias: análisis del conflicto entre las diócesis de Lérida y Barbastro-Monzón,* en Ramírez Navalón, Rosa (coord.), «Régimen económico y patrimonial de las confesiones religiosas», Valencia, Tirant, 2010, pp. 242 y ss.; COMBALÍA, Zoila, *Jurisdicción canónica y jurisdicción civil: a propósito del conflicto de los bienes de la Franja,* en Vega Gutiérrez, Ana M. *et al.* (coords.), «Protección del patrimonio cultural de interés religioso. Actas del V Simposio Internacional de Derecho Concordatario», *op. cit.*, pp. 163 y ss.; MARTÍ, José M., *Patrimonio religioso de interés cultural: protección frente a su destrucción o degradación,* en «Anuario de Derecho Eclesiástico del Estado», vol. XXXIX, 2023, pp. 586 y ss. Vid. otros casos controvertidos en MARTÍ, José M., *La preservación de la riqueza cultural de los claustros,* en «Revista Española de Derecho Canónico», n. 76, 2019, pp. 696 y ss.

[181]   Vid. al respecto PORTA, Belén, *Los conflictos competenciales entre Comunidades Autónomas provocados por el traslado de bienes de la Iglesia integrantes del patrimonio histórico,* en Roca, M. José, y Godoy, Olaya (coords.), «Patrimonio histórico-artístico de la Iglesia Católica. Régimen jurídico de su gestión y tutela», *op. cit.*, pp. 129 y ss.

[182]   Vid. a este respecto SSTS de 23 de marzo de 2015 (ECLI: ES: TS: 2015: 1241) y de 26 de mayo de 2015 (ECLI: ES: TS: 2015: 2332). Vid. también GASPAR, Silvia, *Limitaciones a la libertad de enajenación de los bienes culturales, op. cit.*, pp. 69 y ss.

conjunto aislado, sino que forma parte del patrimonio histórico español[183]. La concurrencia de competencias sobre un bien del patrimonio debería redundar en una mejor protección del patrimonio, nunca en una merma o en un debilitamiento de la protección.

2. TITULARIDAD

La Constitución adopta el principio de protección *propter rem* como criterio para delimitar el alcance de la normativa sobre patrimonio. Este principio garantiza la conservación y promoción del patrimonio histórico-artístico con independencia de la titularidad, ya sea pública o privada, de los bienes que lo componen[184]. Por consiguiente, los bienes del patrimonio eclesiástico quedan sometidos a la legislación estatal en las mismas condiciones que los restantes bienes del patrimonio, sin perjuicio de algunas —muy escasas— normas que se refieren específicamente a los bienes de los que son titulares las confesiones religiosas, en general, o la Iglesia católica en particular.

El principio de protección *propter rem* encuentra su fundamento en el acceso universal a la cultura, característico de los modernos Estados sociales de Derecho, y expresamente reconocido en el artículo 44 de la Constitución Española. La conservación de los vestigios culturales excede el interés privado, y se considera un asunto de interés público. Aunque no de una manera directa, el principio encuentra también sustento en el artículo 33 de la Constitución que, tras reconocer el derecho a la propiedad privada, precisa que la función social de este derecho delimitará su contenido; en otras palabras, orienta el derecho de propiedad hacia la satisfacción de intereses colectivos, sin por ello anular la titularidad dominical ni permitir restricciones desproporcionadas. La función social no implica una afectación demanial de los bienes, pero sí conlleva su destino a un fin público, lo que justifica la aplicación de un régimen jurídico específico que asegure el cumplimiento de dicha función. En este sentido, las limitaciones impuestas a

---

[183] Cfr. STC 122/2014, de 17 de julio, FJ 5: «El patrimonio histórico de la Comunidad de Madrid está formado por los bienes del patrimonio histórico español radicados en la Comunidad de Madrid (excepto los adscritos a un servicio de competencia estatal), de modo que aquél es parte integrante de éste y no un conjunto de bienes autónomo y distinto, por lo que no se puede afirmar que, por disciplinar objetos diferentes, los arts. 2.2 y 8.5 de la Ley autonómica no se interfieran con el artículo 1.3 LPHE. De esta forma, los preceptos impugnados y el 1.3 LPHE regulan al menos en parte el mismo objeto».

[184] Cfr. artículo 46. Vid. MOTILLA, Agustín, *Bienes culturales de la Iglesia Católica: Legislación estatal y normativa pacticia, op. cit.,* p 50. Históricamente, no siempre fue así. Hasta mediados del siglo XIX, las normas estatales de protección del patrimonio histórico-artístico no eran aplicables a los bienes de propiedad privada. Cfr. BARRERO, Concepción, *La ordenación jurídica del patrimonio histórico, op.cit.,* p. 47.

la propiedad privada en virtud de la función social deben ser asumidas por el titular sin derecho a indemnización, en tanto que no constituyen una restricción externa, sino un elemento inherente al contenido constitucional del derecho de propiedad[185].

No obstante, los derechos culturales consagrados en los artículos 44 y 46 deben conciliarse con otros derechos constitucionales, algunos de los cuales revisten carácter fundamental y, por ende, gozan de una protección reforzada. Entre estos derechos se encuentran la libertad religiosa (artículo 16), el derecho a la intimidad (artículo 18) y la libertad de creación artística (artículo 20). En consecuencia, la actuación de los poderes públicos sobre bienes de titularidad privada, y por tanto sobre los bienes pertenecientes a entidades eclesiásticas, deberá ser modulada de manera que respete el contenido esencial de estos derechos.

La LPHE no alude a la aplicación de sus preceptos al patrimonio eclesiástico. Estrictamente hablando, no era una referencia necesaria, puesto que su aplicación se deduce claramente de los preceptos constitucionales citados. Sin embargo, la amplitud e importancia del patrimonio eclesiástico habría justificado una mención específica en la LPHE reconociendo este hecho, aunque el régimen jurídico aplicable sea el régimen común. Durante los debates parlamentarios de la LPHE se planteó incluir una referencia al patrimonio eclesiástico para garantizar el cumplimiento de las obligaciones asumidas en el Acuerdo de 1979 y, singularmente, para proteger el fin religioso de los bienes destinados al culto. La enmienda no prosperó porque se trató de evitar un régimen especial para el patrimonio de la Iglesia, y la referencia al Acuerdo, en cuanto tratado internacional, se consideraba ociosa[186]. Solo se refiere al patrimonio religioso de las entidades eclesiásticas el artículo 28.1, relativo a la transmisión de la propiedad de los bienes muebles de la Iglesia, modulado por lo dispuesto en la disposición transitoria quinta[187]. Algunas normas autonómicas

---

[185]   Cfr. CABALLERO, Rafael, *Títulos constitucionales y técnicas administrativas de intervención del Estado en el patrimonio histórico-artístico de titularidad eclesiástica, op. cit.*, pp. 178 y ss. Las limitaciones impuestas a la propiedad como consecuencia de su función social se diferencian, por tanto, de la expropiación forzosa por causa de utilidad pública o interés social, a la que se refiere el artículo 33-3 de la Constitución, y que sí da lugar a una compensación. Sobre las distintas teorías acerca de la naturaleza de la intervención pública en este ámbito vid. ALEGRE ÁVILA, Juan M., *Evolución y régimen jurídico del patrimonio histórico, op. cit.*, pp. 568 y ss.

[186]   Cfr. ALEGRE ÁVILA, Juan M., *Evolución y régimen jurídico del patrimonio histórico, op. cit.*, pp. 306-307.

[187]   Artículo 28.1 de la LPHE: «Los bienes muebles declarados de interés cultural y los incluidos en el Inventario General que estén en posesión de instituciones eclesiásticas, en cualquiera de sus establecimientos o dependencias, no podrán transmitirse por título oneroso o gratuito ni cederse a particulares ni a entidades mercantiles. Dichos bienes sólo podrán ser enajenados o cedidos al Estado, a entidades de Derecho Público o a otras instituciones eclesiásticas».

trataron de suplir esta laguna y realizan declaraciones sobre la importancia o la amplitud del patrimonio eclesiástico en el conjunto del patrimonio de la comunidad[188].

Un problema singular en este ámbito que han debido abordar algunas entidades eclesiásticas es la discusión de la titularidad dominical de sus bienes de valor histórico-artístico. Esto es debido principalmente a que, con frecuencia, son derechos de origen remoto, mantenidos a lo largo de siglos[189]. La LPHE elude hacer referencia explícita a la titularidad en el único precepto que regula el patrimonio de la Iglesia católica, optando en su lugar por la expresión «bienes en posesión de instituciones eclesiásticas». Si bien la situación jurídica de estos bienes puede presentar una notable diversidad, en términos generales cabe afirmar que las entidades eclesiásticas ostentan derechos dominicales, al menos por la vía de la usucapión[190].

3. ELEMENTO FORMAL

A. Categorías de bienes según la Ley de Patrimonio Histórico Español

El concepto de patrimonio histórico, histórico-artístico o cultural posee un carácter eminentemente instrumental, en la medida en que su principal finalidad es delimitar el ámbito en el que despliega su acción protectora la normativa sobre el patrimonio. La LPHE permite identificar tres niveles o esferas de protección, aunque no se encuentran regulados sistemáticamente en el cuerpo normativo. Por el contrario, la estructura de la Ley se organiza en función del carácter mueble o inmueble de los bienes integrantes del patrimonio, a los cuales se dedican títulos específicos que recogen disposiciones relativas a los distintos tipos de bienes[191].

El nivel más básico de protección se define por defecto: está integrado por todos los bienes que no pertenecen a las categorías que disfrutan de una protección especial. Tal como indica el preámbulo de la LPHE, este primer nivel comprende «todos aquellos bienes de valor histórico, artístico, científico o técnico que conforman la aportación de España a la cultura universal». La inclusión de un bien en esta categoría

---

[188] Vid. *supra* notas 155 y 156.

[189] Este trabajo trata únicamente sobre el Derecho español. Por tanto, queda al margen la normativa canónica relativa a los bienes eclesiásticos. No obstante, cabe señalar que el Código de Derecho Canónico de 1983 contiene solo una referencia a los bienes de valor cultural: el canon 1283 incluye entre las obligaciones de los administradores, al tomar posesión de su cargo, realizar un «inventario exacto y detallado, suscrito por ellos, de los bienes inmuebles, de los bienes muebles tanto preciosos como pertenecientes de algún modo al patrimonio cultural, y de cualesquiera otros, con la descripción y tasación de los mismos».

[190] Cfr. CABALLERO, Rafael, *Títulos constitucionales y técnicas administrativas de intervención del Estado en el patrimonio histórico-artístico de titularidad eclesiástica, op. cit.*, p. 176.

[191] Cfr. CABALLERO, Rafael, *Títulos constitucionales y técnicas administrativas de intervención del Estado en el patrimonio histórico-artístico de titularidad eclesiástica, op. cit.*, pp. 192-193.

no requiere una declaración formal[192], pero dado que se configura como un concepto jurídico indeterminado, será necesario precisar caso por caso si un bien concreto se encuentra comprendido dentro del ámbito de protección establecido por la normativa sobre patrimonio.

Un beneficio sustancial de la falta de delimitación de este nivel básico de protección es que ningún bien que tenga valor histórico, cultural o artístico queda fuera del amparo de la Ley. No obstante, esta indeterminación conlleva otros retos en la identificación de tales bienes. El silencio normativo, junto con la ausencia de mecanismos que otorguen seguridad jurídica respecto del valor histórico-artístico de un bien determinado genera una incertidumbre interpretativa. Una de las cuestiones más relevantes en este sentido es precisar a quien corresponde decidir si un bien posee el valor suficiente para estar incluido en el ámbito de la LPHE o de las leyes autonómicas correspondientes. Parece inevitable concluir que serán los operadores jurídicos quienes deban tomar las medidas necesarias en caso de que un bien pueda estar protegido por la normativa sobre patrimonio histórico-artístico[193].

Otra cuestión por resolver es identificar qué aspectos han de tenerse en cuenta para valorar un bien a efectos de la aplicación de la normativa sobre patrimonio. La LPHE no da indicaciones sobre las características que han de reunir los bienes del patrimonio —salvo en el caso de los documentos—, más allá de una vaga referencia en su preámbulo que, en todo caso, no sirve como criterio decisorio. Afirma que el patrimonio histórico español

«es una riqueza colectiva que contiene las expresiones más dignas de aprecio en la aportación histórica de los españoles a la cultura universal. Su valor lo proporciona la estima que, como elemento de identidad cultural, merece a la sensibilidad de los ciudadanos, porque los bienes que lo integran se han convertido en patrimoniales debido exclusivamente a la acción social que cumplen, directamente derivada del aprecio con que los mismos ciudadanos los han ido revalorizando».

Por tanto, entre los datos que han de tomarse en consideración para decidir sobre la aplicación de la Ley se encuentran la relación del bien con la historia de España, su valor intrínseco, su antigüedad y su excepcionalidad. Resulta razonable, si se plantea la duda, recurrir a informes técnicos de expertos, aunque su eficacia es limitada, sobre todo en casos límite. En última instancia serán los tribunales quienes resuelvan sobre la inclusión de un bien en el ámbito de protección de las leyes sobre patrimonio[194].

---

[192]   Cfr. STC 181/1998, de 17 de septiembre, FJ 8.

[193]   Cfr. sobre esta cuestión GASPAR, Silvia, *Limitaciones a la libertad de enajenación de los bienes culturales, op. cit.*, pp. 49 y ss. La autora pone el ejemplo de los responsables de las subastas de arte, que han de notificar la venta de los objetos que consideren de valor histórico-artístico a efectos del ejercicio del derecho de tanteo por el Estado (cfr. p. 55).

[194]   *Idem.* Vid. las sentencias citadas por la autora en las pp. 56-57, que avalan esta opinión.

El segundo nivel de protección está reservado exclusivamente a los bienes muebles. La LPHE lo delimita tanto de una forma positiva como negativa[195]. Dispone a este respecto que los bienes muebles que tengan una singular relevancia por su notable valor histórico, arqueológico, artístico, científico, técnico o cultural, pero no sean declarados de interés cultural, serán incluidos en el Inventario General de Bienes Muebles del Patrimonio Histórico Español, bien de oficio por la Administración o bien a instancia de parte. En este último supuesto, el titular deberá demostrar la singular relevancia del bien, que lo haga merecedor de la aplicación del régimen específico reservado a esta categoría de bienes. Aunque la LPHE tampoco se pronuncia sobre los criterios decisorios, la necesidad de un acto administrativo que acuerde la inclusión en el Inventario proporciona la seguridad jurídica requerida para aplicar la normativa sobre estos bienes.

Los titulares de bienes inventariados están sometidos a ciertas limitaciones en su uso y disposición. Además de permitir la inspección para comprobar el estado en que se hallan, y de facilitar su estudio y préstamo temporal para exposiciones, tienen el deber de comunicar cualquier cambio en la titularidad o en la situación de tales bienes[196]. Afectan también a estos bienes otras normas sobre conservación, transmisión y libre disposición repartidos a lo largo del articulado de la Ley, referidas a todos los bienes muebles o solo a determinados tipos.

Los bienes de interés cultural (BIC) integran la tercera categoría. Se trata de bienes muebles o inmuebles que poseen un especial valor, y por ello son objeto de una protección y tutela reforzadas. En línea con las otras dos categorías, la Ley no define los requisitos que deben reunir los BIC, más allá de la afirmación contenida en el preámbulo de que son bienes que merecen «de forma palmaria» la protección de la Ley; en todo caso, requieren una declaración acerca de su valor cultural para considerarlos incluidos en esta categoría[197]. La LPHE establece una doble vía para la declaración de un BIC: o bien por ministerio de la LPHE[198], o bien de forma individualizada mediante Real Decreto[199].

---

[195]   Cfr. artículo 26 de la LPHE.

[196]   Cfr. artículos 35 y ss. de la LPHE.

[197]   Como señala Caballero, las categorías de bienes suponen niveles progresivos de intensidad artística-cultural, cuya delimitación no es perfectamente clara, e incluso es permeable. En última instancia, la clave de pertenencia a una u otra categoría es la inclusión formal en alguno de los instrumentos oficiales de constancia de estos bienes: el Inventario General de Bienes Muebles o el Registro de Bienes de Interés Cultural. Cfr. CABALLERO, Rafael, *Títulos constitucionales y técnicas administrativas de intervención del Estado en el patrimonio histórico-artístico de titularidad eclesiástica, op. cit.,* p. 194.

[198]   El artículo 40.2 declara bienes de interés cultural las cuevas, abrigos y lugares que contengan manifestaciones de arte rupestre, y el artículo 60.1 dispone que quedan sometidos al régimen de los BIC los inmuebles destinados a la instalación de Archivos, Bibliotecas y Museos de titularidad estatal, así como los bienes muebles integrantes del Patrimonio Histórico Español en ellos custodiados.

[199]   Cfr. artículo 9.

El régimen de los BIC está informado por su función social. La protección de la Ley es mayor que en las categorías anteriores; además de las restricciones previstas para los bienes muebles del Inventario, se establece un sistema de autorizaciones y límites en las obras de conservación y reparación de los bienes, y de ayudas económicas y beneficios fiscales para fomentar la cooperación del sector privado. Tampoco se podrá proceder a su desplazamiento o remoción, salvo que resulte imprescindible por causa de fuerza mayor o de interés social.

Los bienes del patrimonio eclesiástico pueden ser declarados BIC o ser incluidos en el Inventario General de Bienes Muebles en los términos de la Ley, y quedan sometidos al régimen jurídico propio de estas categorías. Tan solo existe una singularidad: la LPHE establece unos límites más estrictos para la transmisión de los bienes muebles cuando pertenezcan a entidades eclesiásticas, que son idénticos a los que se imponen a las entidades públicas. Conforme al artículo 28 de la LPHE, los bienes muebles declarados de interés cultural y los incluidos en el Inventario General que estén en posesión de instituciones eclesiásticas, en cualquiera de sus establecimientos o dependencias, no podrán transmitirse libremente por título oneroso o gratuito ni cederse a particulares ni a entidades mercantiles. Dichos bienes sólo podrán ser enajenados o cedidos al Estado, a entidades de Derecho público o a otras instituciones eclesiásticas [200].

La razón de ser de esta norma es mantener el patrimonio histórico-artístico en manos de entidades públicas o eclesiásticas para evitar su dispersión y facilitar el acceso general a estos bienes [201]. En todo caso, no ha estado libre de críticas, comenzando por la referencia a las entidades eclesiásticas, específicamente, y no a las entidades religiosas en general, que, en opinión de un sector doctrinal, infringe el principio de igualdad al imponer esa limitación a los bienes de la Iglesia y no a los de otras entidades religiosas [202]. Otros autores entienden que, además, esta limitación priva a las entidades eclesiásticas de un contenido esencial del derecho de propiedad como es la libre disposición del bien [203]. No obstante, la crítica no es unánime; hay

---

[200]   La disposición transitoria quinta de la LPHE disponía que este límite se aplicaría a todos los bienes muebles del patrimonio en posesión de entidades eclesiásticas. Este período fue sucesivamente prorrogado; la última prórroga se estableció por medio de la Ley 6/2021 de 28 de abril, de modificación de la Ley del Registro Civil, BOE de 1 de abril de 2021, que amplió de nuevo el plazo otros cinco años (cfr. disposición adicional).

[201]   Sobre el origen de esta norma vid. ALEGRE ÁVILA, Juan M., *Evolución y régimen jurídico del patrimonio histórico, op. cit.*, p. 620.

[202]   Cfr. ALDANONDO, Isabel, *El marco constitucional, libertad religiosa y tutela de los bienes culturales, op. cit.*, p. 616; GARCÍA RUIZ, Yolanda, *Titularidad y conservación de los bienes culturales destinados al culto*, en Ramírez Navalón, Rosa (coord.), «Régimen económico y patrimonial de las confesiones religiosas», *op. cit.*, pp. 217 y ss.

[203]   Cfr. MOTILLA, Agustín, *Bienes culturales de la Iglesia Católica: Legislación estatal y normativa pacticia, op. cit.*, p. 56.

autores que sostienen que este límite no es sino una manifestación del compromiso de colaboración entre la Iglesia y el Estado que ambas partes asumieron en el Acuerdo sobre Asuntos Culturales[204]. En este caso, se trataría de cooperar para conservar el patrimonio histórico-artístico accesible a todos los ciudadanos.

La pregunta que procede, a la vista de esta divergencia, es si realmente era necesaria esta norma para proteger los bienes histórico-artísticos pertenecientes a la Iglesia católica. A estos efectos, es preciso tener en cuenta que la venta de bienes eclesiásticos, sean o no de valor cultural, está sometida a una serie de garantías, recogidas en el Código de Derecho Canónico[205], para evitar el dispendio del patrimonio de la Iglesia. Estas cautelas, unidas a las medidas de protección establecidas con carácter general en la LPHE ante la venta de bienes de singular relevancia, serían suficientes para preservar la integridad del patrimonio histórico-artístico español, por lo que la norma del artículo 28 resultaría superflua; el objetivo pretendido se conseguiría igualmente por medio de técnicas ya existentes, como el derecho de tanteo y retracto a favor del Estado en las operaciones de transmisión de estos bienes (previsto en el artículo 38 de la LPHE) o en la exigencia de autorización para su exportación (regulada en el artículo 23 de la LPHE), que se aplican con independencia de la titularidad pública o privada de los bienes[206]. La LPHE, sin embargo, opta por incorporar una medida de precaución aplicable únicamente a las entidades de la Iglesia católica en cuanto principal propietaria privada de bienes del patrimonio histórico-artístico.

B. Categorías autonómicas

La diferenciación de distintos niveles de protección de los bienes recogida en la LPHE se vuelve compleja al confrontarse con la normativa autonómica. Las Comunidades Autónomas, en el ejercicio de sus competencias, están facultadas para dictar disposiciones que, sin contravenir la legislación estatal dictada en el marco de sus atribuciones exclusivas, puedan complementar o incluso reforzar el régimen de protección de los bienes integrantes del patrimonio histórico-artístico. Sin embargo, algunas Comunidades no se han limitado a adoptar medidas de protección del patrimonio, sino que han creado categorías propias de bienes de valor histórico, artístico o cultural. Es evidente que no puede existir un bien con valor histórico-artístico de interés autonómico que no tenga interés para el Estado; el patrimonio español, en definitiva, no es sino la suma de los patrimonios de todos los pueblos de España. No

---

[204]   Cfr. VIDAL, Mercedes, *Bienes culturales y libertad de conciencia en el Derecho Eclesiástico Español*, Universidad de Valladolid, 1999, pp. 145-147.

[205]   Cfr. cánones 1291-1293 del Código de Derecho Canónico de 1983.

[206]   Cfr. CABALLERO, Rafael, *Títulos constitucionales y técnicas administrativas de intervención del Estado en el patrimonio histórico-artístico de titularidad eclesiástica, op. cit.*, p. 221.

obstante, la legislación autonómica resulta con frecuencia confusa a este respecto, porque a la categorización propia, no homogénea, se añaden nuevos instrumentos de registro, inventario o catalogación que también adoptan denominaciones diferentes[207].

Las categorías autonómicas se nutren, principalmente, de los bienes que no han sido declarados BIC ni incluidos en el Inventario General de Bienes Muebles. Esos otros bienes, que solamente disfrutan del nivel básico de protección estatal, encuentran en la normativa de algunas Comunidades Autónomas un reconocimiento específico. Reciben diferentes denominaciones: bienes culturales de interés regional, bienes inventariados u otras similares.

En ocasiones, las leyes autonómicas se limitan a realizar una catalogación de los bienes, sin atribuir consecuencias jurídicas a dicha calificación. Esta labor, pese a no tener efectos jurídicos inmediatos, no es irrelevante porque contribuye a una mejor conservación del patrimonio; la primera e inexcusable tarea para defender el patrimonio es tener constancia de los bienes que merecen tal consideración. La falta de concreción de la normativa estatal sobre los bienes del nivel básico de protección queda de alguna manera compensada, en estos casos, por las normas autonómicas[208].

Otras Comunidades Autónomas, sin embargo, establecen en sus leyes categorías específicas de bienes patrimoniales a las que atribuyen efectos jurídicos. Si la delimitación de los distintos niveles de protección estatales es con frecuencia complicada, la distinción de las categorías autonómicas se vuelve en ocasiones una tarea casi imposible. Son significativas, a este respecto, las disposiciones de las leyes de Cataluña y Madrid. La Ley catalana dispone que se incluyan en el Catálogo del Patrimonio Cultural Catalán todos los bienes del patrimonio cultural catalán que, pese a su significación e importancia, no cumplan las condiciones propias de los bienes culturales de interés nacional[209]. Es decir, se trataría de una categoría intermedia entre los BIC y los bienes patrimoniales del nivel básico, parcialmente coincidente con los bienes incluidos en el Inventario General de Bienes Muebles. Pero la Ley hace referencia también a otra categoría: los bienes muebles o inmuebles relacionados con la historia y la cultura de Cataluña que sin ser BIC ni estar incluidos en el Catálogo del Patrimonio Cultural Catalán merecen una protección y una defensa especiales por su valor histórico, artístico, arquitectónico, arqueológico,

---

[207]   Cfr. CABALLERO, Rafael, *Títulos constitucionales y técnicas administrativas de intervención del Estado en el patrimonio histórico-artístico de titularidad eclesiástica, op. cit.,* p. 196.

[208]   Vid. en este sentido el artículo 15 de la Ley de Cataluña; artículo 13 de la Ley de Andalucía; artículo 27 de la Ley de Asturias; artículo 26 de la Ley de Cantabria; artículo 16 de la Ley de La Rioja; artículo 5 de la Ley de Murcia; artículo 14 de la Ley aragonesa; artículo 17 de la Ley de Navarra y artículo 12 de la Ley de la Comunidad de Madrid.

[209]   Cfr. artículo 15.

paleontológico, etnológico, documental, bibliográfico, científico o técnico[210]. Esta última categoría correspondería al nivel básico de protección de la LPHE, aunque resulta difícil identificar qué bienes pertenecen a una u otra categoría, y cómo se articulan estas con las contempladas en la LPHE para evitar contradicciones en su calificación.

Una dificultad similar se plantea en relación con La Ley madrileña. Esta Ley también regula diferentes categorías de bienes en función de su nivel de protección. Además de los BIC, contempla otros dos niveles: bienes de interés patrimonial, que son los bienes de la Comunidad de Madrid que «no tengan un valor más relevante para ser declarados Bien de Interés Cultural, pero que posean una especial significación histórica o artística»; y bienes catalogados, que, sin pertenecer a las categorías anteriores, «se ajusten a lo establecido en el artículo 2», es decir, que encajen en la definición del patrimonio histórico-artístico, o integren los fondos de museos y colecciones de titularidad autonómica[211].

Los instrumentos de inventario, registro y catálogo de los bienes del patrimonio a nivel autonómico son otro elemento que añade incertidumbre a la estructura de los regímenes de protección del patrimonio. No existe un modelo único; el número, objeto y denominación de estos instrumentos es variable, como lo es la relación entre los registros autonómicos y los estatales. Las Comunidades Autónomas deberán trasladar a las autoridades estatales la información relativa a bienes inscritos en un registro autonómico que tengan la condición de BIC o deban ser incluidos en el Inventario general de Bienes Muebles. Por el contrario, no hay una previsión específica acerca de los bienes que no gozan de ese nivel de protección a nivel estatal, pero sí se integran en alguna categoría regulada por las leyes autonómicas, y están incorporados a un catálogo o inventario de este mismo ámbito. La dispersión que actualmente existe difícilmente redundará en una mejor protección de los bienes, dada la inseguridad

---

[210] Cfr. artículo 18.1. El párrafo 2 precisa que «en cualquier caso, forman parte del patrimonio cultural catalán los siguientes bienes muebles: a) Las colecciones y los ejemplares singulares de zoología, botánica, mineralogía y anatomía y los objetos de interés paleontológico. b) Los bienes que constituyen puntos de referencia importantes de la historia. c) El producto de las intervenciones arqueológicas. d) Los bienes de interés artístico. e) El mobiliario, los instrumentos musicales, las inscripciones, las monedas y los sellos grabados de más de cien años de antigüedad. f) El patrimonio etnológico mueble. g) El patrimonio científico, técnico e industrial mueble. h) El patrimonio documental y el patrimonio bibliográfico».

[211] Señala el artículo 2 de la Ley autonómica: «Integran el patrimonio cultural: a) Los bienes muebles e inmuebles de interés artístico, monumental, histórico, paleontológico, arqueológico, arquitectónico, etnográfico, industrial, científico y técnico, que tengan valor cultural. b) Las áreas patrimoniales como los paisajes e itinerarios culturales, los territorios y sitios históricos, los yacimientos y zonas paleontológicas y arqueológicas, los sitios etnográficos e industriales, los jardines y parques, que tengan valor artístico, arquitectónico, histórico o antropológico. c) El patrimonio documental, bibliográfico, audiovisual y digital, en cualquiera de sus formatos, que tenga valor cultural».

jurídica que provoca la falta de claridad sobre el régimen jurídico aplicable[212], y que puede incluso causar serias dificultades en algunas esferas, como ocurre en el ámbito urbanístico[213].

C. Procedimiento de declaración de Bienes de Interés Cultural

La categoría de Bien de Interés Cultural se configura en la legislación estatal como el principal instrumento de protección del patrimonio histórico español. No obstante, tal y como ha precisado el Tribunal Constitucional en su Sentencia 17/1991, de 31 de enero, la competencia para declarar un bien como BIC corresponde, en términos generales, a las Comunidades Autónomas, en virtud del reparto competencial derivado del modelo territorial instaurado por la Constitución de 1978. La excepción a esta regla la constituyen aquellos bienes que estén afectos a un servicio público estatal o integrados en el Patrimonio Nacional, cuya tutela sigue correspondiendo al Estado.

Los procedimientos regulados en las distintas legislaciones autonómicas reproducen esencialmente, aunque con algunos matices según los casos, el esquema procedimental establecido en la LPHE. Esta circunstancia aconseja acudir prioritariamente a la LPHE como marco de referencia general para analizar el procedimiento de declaración de interés cultural de los bienes del patrimonio, sin perjuicio de las especificaciones introducidas por las normas autonómicas en atención a las particularidades de cada territorio[214].

De acuerdo con la LPHE, el procedimiento para la declaración de un BIC puede iniciarse bien a instancia de parte interesada, bien de oficio por la Administración competente. En el caso de la incoación de oficio no se exige la autorización previa de los titulares de los bienes, quienes, no obstante, deben ser debidamente notificados del inicio del expediente. Durante la tramitación, el órgano administrativo competente puede requerir la colaboración de los titulares, solicitando acceso al bien objeto de protección o la aportación de cuanta información estime necesaria para una adecuada valoración y fundamentación de la resolución administrativa que en su día se adopte. Cabe subrayar que, desde el momento de la incoación del expediente, el bien afectado queda sometido al régimen de protección preventiva previsto en la normativa de patrimonio, lo que implica la aplicación inmediata de las medidas de tutela propias de los BIC, aun cuando la declaración formal todavía no se haya producido.

---

[212] Una muestra de esta situación se puede encontrar en una anotación de la página web del Ministerio de Cultura que contiene la base de datos de los BIC y bienes incluidos en el Inventario General de Bienes Muebles; se señala allí que para conocer con precisión los bienes muebles protegidos es necesario consultar también los catálogos de las Comunidades Autónomas, reconociendo así la falta de coordinación entre los registros y catálogos nacionales y autonómicos.

[213] Cfr. CABALLERO, Rafael, *Títulos constitucionales y técnicas administrativas de intervención del Estado en el patrimonio histórico-artístico de titularidad eclesiástica, op.* cit., pp. 199-200.

[214] En el caso de los bienes competencia del Estado el procedimiento está regulado en los artículos 11 a 20 del Reglamento de Desarrollo Parcial de la LPHE.

Para la emisión de una resolución positiva en el procedimiento resulta preceptivo contar con un informe favorable emitido por alguna de las instituciones consultivas a las que se refiere el artículo 3.2 de la LPHE[215]. Sin embargo, el procedimiento no contempla la apertura de un trámite de audiencia que permita al titular o interesado formular alegaciones o aportar consideraciones en defensa de sus derechos o intereses. Una vez finalizado el expediente mediante resolución estimatoria, el bien debe ser inscrito en el Registro General de Bienes de Interés Cultural, dependiente de la Administración del Estado[216].

El examen de la regulación procedimental permite advertir que un bien perteneciente a una entidad de la Iglesia puede ser declarado de interés cultural sin que la autoridad eclesiástica competente intervenga en ninguna fase del procedimiento. Esta circunstancia plantea dudas acerca de su compatibilidad con el principio de cooperación entre el Estado y la Iglesia reconocido en el Acuerdo sobre Enseñanza y Asuntos Culturales. De hecho, parte de la doctrina ha sostenido que el compromiso de colaboración recogido en el Acuerdo debería interpretarse en un sentido amplio, de modo que incluyera necesariamente la participación de la Iglesia en los procedimientos que afecten a sus bienes culturales[217]. No debe olvidarse que, aunque el régimen jurídico de los BIC implica para sus titulares ciertos beneficios —como la posibilidad de recibir ayudas para la conservación o la exención de determinados impuestos—, también impone cargas y restricciones, especialmente en lo relativo a la enajenación o transmisión de los bienes. Desde esta perspectiva, resulta razonable considerar que la falta de intervención de las entidades eclesiásticas en el procedimiento de declaración supone una omisión de jurídicamente relevante.

Un análisis detenido del diseño procedimental previsto en la normativa vigente permite concluir que habría resultado relativamente sencillo articular mecanismos que garantizaran la participación efectiva de la Iglesia en los procedimientos de declaración de BIC, aunque no todos tienen un mismo encaje en la legislación vigente.

Respecto de la posibilidad de requerir autorización previa de la autoridad eclesiástica para la incoación del expediente, hay que partir de que el Acuerdo sobre

---

[215]   Estas instituciones son la Junta de Calificación, Valoración y Exportación de Bienes del Patrimonio Histórico Español, las Reales Academias, las Universidades españolas, el Consejo Superior de Investigaciones Científicas y las Juntas Superiores que la Administración del Estado determine por vía reglamentaria, y en lo que pueda afectar a una Comunidad Autónoma, las instituciones por ella reconocidas. Todo ello con independencia del asesoramiento que, en su caso, pueda recabarse de otros organismos profesionales y entidades culturales.

[216]   Cfr. artículo 12 de la LPHE. Sobre el carácter declarativo o constitutivo de esta declaración vid. CABALLERO, Rafael, *Títulos constitucionales y técnicas administrativas de intervención del Estado en el patrimonio histórico-artístico de titularidad eclesiástica, op. cit.,* pp. 194-195; ALEGRE ÁVILA, Juan M., *Evolución y régimen jurídico del patrimonio histórico, op. cit.,* pp. 515 y ss.

[217]   Cfr. ALDANONDO, Isabel, *Patrimonio histórico, artístico y documental, op. cit.,* p. 200.

Enseñanza y Asuntos Culturales no impone tal requisito, aunque es evidente que el Acuerdo no entra en la regulación pormenorizada de los bienes patrimoniales eclesiásticos. La voluntad expresamente manifestada por la Iglesia de poner su patrimonio cultural al servicio de la sociedad legitima, en principio, las medidas adoptadas por el Estado orientadas a la consecución de dicho fin. En consecuencia, no puede afirmarse de forma categórica que la regulación contenida en la LPHE contravenga las disposiciones del Acuerdo[218].

En cuanto a la posibilidad de integrar a entidades eclesiásticas entre las instituciones consultivas mencionadas en el artículo 3 de la LPHE, esta opción podría plantear dificultades, salvo que su intervención se limitase exclusivamente a los supuestos de bienes pertenecientes al patrimonio eclesiástico. La naturaleza y los fines de las entidades enumeradas en el artículo citado hacen pensar que el informe previsto por la Ley debe incluir aspectos técnicos, no solo de conveniencia u oportunidad, lo que justificaría esta exclusión. Con todo, tendría pleno sentido establecer específicamente para los bienes de titularidad eclesiástica la obligación de recabar un informe de la autoridad religiosa competente, aunque su carácter fuera meramente consultivo y no vinculante. Alternativamente, podría haberse previsto un trámite de audiencia obligatoria para estos casos. Una previsión de esta naturaleza no solo materializaría de manera más efectiva el principio de cooperación entre el Estado y la Iglesia reconocido en el Acuerdo, sino que también permitiría detectar eventuales dificultades de acceso a los bienes o la necesidad de articular mecanismos para compatibilizar su uso cultual y su uso cultural. En este sentido, la mera notificación de la incoación del expediente, prevista en la LPHE y su Reglamento de desarrollo, parece insuficiente como instrumento de colaboración institucional en esta materia.

La normativa de algunas Comunidades Autónomas ha introducido fases del procedimiento en las que tendría cabida la intervención de las autoridades eclesiásticas, aunque no esté prevista expresamente. En algunos supuestos se regula la apertura de un trámite de audiencia a los interesados, que puede ser aprovechado por los propietarios de bienes eclesiásticos o, en su caso, por las autoridades religiosas correspondientes, para manifestar lo que tengan por conveniente[219]. En otras leyes

---

[218]   Sostiene esta postura TEJÓN, Raquel, *Confesiones religiosas y patrimonio cultural, op. cit.*, p. 319. La autora da cuenta de una enmienda al proyecto de LPHE presentada —sin éxito— por el Partido Popular en este sentido. Sin embargo, esta enmienda no proponía la necesidad de autorización de la Iglesia para la incoación del expediente de declaración de BIC, sino la inclusión entre las entidades consultivas al Comité de Arte Sacro de la Conferencia Episcopal, argumentando que, entre esas entidades se hallaban las Universidades, las Reales Academias o el Consejo Superior de Investigaciones Científicas, pero se ignoraba a la Iglesia.

[219]   Vid. artículo 8.2 de la Ley de Patrimonio Cultural Catalán de 1999; artículo 17 de la Ley de Patrimonio Cultural de Asturias de 2001; artículo 18 de la Ley de Patrimonio Cultural de Cantabria

autonómicas se prevé la evacuación de consultas a expertos o a otras instituciones especializadas por razón de la materia, lo que permitiría —aunque no con carácter obligatorio— solicitar un informe al propietario de un bien eclesiástico, o a la autoridad eclesiástica competente, antes de declararlo de interés cultural[220].

Solo en dos Comunidades Autónomas se ha previsto expresamente la intervención institucional de la Iglesia católica en estos procedimientos. La Ley de Patrimonio Cultural, Histórico y Artístico de La Rioja incorpora la obligación de solicitar un informe preceptivo, aunque no vinculante, a la Diócesis competente —Calahorra o La Calzada-Logroño— en los procedimientos de declaración de bienes eclesiásticos[221]. La Ley de Patrimonio Cultural de Canarias prevé expresamente que emita su parecer la comisión mixta Iglesia - Comunidad Autónoma en los procedimientos relativos a bienes de titularidad eclesiástica[222].

---

de 1988; artículo 7 de la Ley de Patrimonio Cultural de Murcia de 2007; artículo 18.3 de la Ley de Patrimonio Cultural Aragonés; artículo 19.1.e de la Ley del Patrimonio Cultural de Navarra de 2005; artículo 9.3 de la Ley del Patrimonio Histórico de las Illes Balears de 1998; artículo 29.1 de la Ley de Patrimonio Cultural de Castilla y León de 2024.

[220] Vid. artículo 3 de la Ley de patrimonio cultural de Galicia de 2016.

[221] Artículo 13.8.d de la Ley de Patrimonio Histórico, Cultural y Artístico de La Rioja de 2004. Esta disposición se complementa con el silencio administrativo negativo.

[222] Cfr. artículo 30.2 de la Ley de Patrimonio Cultural de Canarias de 2019.

Capítulo III

USO DE LOS BIENES DEL PATRIMONIO ECLESIÁSTICO

1. EL USO PREVALENTE

A. La doble función de los bienes del patrimonio eclesiástico

El patrimonio eclesiástico, además de cumplir una función religiosa, es también parte de la historia y de la cultura común que el Estado debe conservar y promover. En consecuencia, debe estar accesible a todas las personas, no exclusivamente a los miembros de la Iglesia católica. Esta doble naturaleza, cultural y religiosa, así como la consiguiente dualidad de usos, representa una de las características más relevantes de los bienes pertenecientes al patrimonio religioso católico.

No todos los bienes con valor histórico, artístico o cultural en posesión de la Iglesia católica están destinados al culto o a usos religiosos. El Código de Derecho Canónico adopta como criterio para la calificación de un bien como eclesiástico la titularidad, de modo que pueden ser considerados eclesiásticos bienes dedicados a determinados usos profanos, como las bibliotecas o las casas rectorales destinadas a viviendas de párrocos[223]. Cuando estos bienes poseen un valor histórico o cultural quedan sometidos a la legislación correspondiente sobre patrimonio; sin embargo, su función cultural no genera conflictos con el uso religioso, dado que carecen de él[224].

---

[223] Canon 1257 del Código de Derecho Canónico: «Todos los bienes temporales que pertenecen a la Iglesia universal, a la Sede Apostólica o a otras personas jurídicas públicas en la Iglesia, son bienes eclesiásticos, y se rigen por los cánones que siguen, así como por los propios estatutos».

[224] La doctrina canonista se ha preguntado si el concepto de bien cultural es equivalente al concepto canónico de bien precioso. Algunos autores entienden que no coincide, porque el bien eclesiástico puede ser precioso no solo por su valor histórico o artístico, sino por otras circunstancias, como la veneración o el culto de que son objeto. Avala esta postura el hecho de que el canon 1283 §2 impone a los administradores la obligación de hacer inventario, entre otros, de los «bienes muebles tanto preciosos como pertenecientes

Debe advertirse, no obstante, que los bienes eclesiásticos destinados a usos no religiosos constituyen una minoría. Una parte significativa del patrimonio eclesiástico está destinada al culto católico y al cumplimiento de otras funciones religiosas. Es preciso matizar, a este respecto, que el *uso religioso* es un término más amplio que el *uso para el culto,* pues comprende no solo las ceremonias litúrgicas, sino también todas aquellas actividades que representan una manifestación externa de homenaje a la divinidad[225]. Así, por ejemplo, las dependencias en que se desarrolla la vida monástica tienen un uso religioso, aunque solo algunas de ellas están destinadas específicamente al culto. En todo caso, la mayoría de los bienes eclesiásticos que tienen valor histórico-artístico están destinados al culto, en atención a la especial dignidad de esta función[226]. Para otras actividades, como las de carácter caritativo o educativo, se emplean preferentemente bienes muebles e inmuebles que no poseen valor histórico o artístico, en consonancia con la naturaleza práctica de las funciones que en ellos se desarrollan.

La armonización de la función cultural y del uso religioso de los bienes patrimoniales eclesiásticos constituye uno de los aspectos esenciales de su régimen jurídico. No obstante, esta particularidad no es exclusiva de los bienes de la Iglesia católica, sino que puede afectar a otros bienes culturales. Un ejemplo de ello son los bienes del Patrimonio Nacional, que están al servicio de la Corona, lo que implica que su disfrute como bien cultural puede sufrir limitaciones. De igual forma, cuando un bien pertenece a un particular, la función cultural debe armonizarse con el respeto al derecho a la intimidad personal y familiar[227]. Sin embargo, dado el alto porcentaje de bienes del patrimonio que son propiedad o están en posesión de la Iglesia, la compatibilidad del uso cultural y religioso de estos bienes es una cuestión relevante desde una perspectiva práctica[228].

---

de algún modo al patrimonio cultural». Otros autores, sin embargo, identifican bienes preciosos y bienes culturales, ya que una especial veneración o culto a un bien religioso es también testimonio de la cultura. Cfr. ROCA, M. José, *La propiedad eclesiástica de bienes profanos de interés cultural: aplicación del Derecho canónico para la adquisición y extinción de personalidad jurídica y para la válida disposición de bienes en el Derecho español,* en Roca, M. José y Godoy, Olaya, (coords.), «Patrimonio histórico-artístico de la Iglesia Católica. Régimen jurídico de su gestión y tutela», *op. cit.,* pp. 594-595.

[225]   Si atendemos a las categorías del Código de Derecho Canónico, los bienes sagrados son los bienes destinados al culto, que requieren una dedicación o bendición litúrgica conforme a los cánones 1205 y ss. Los bienes destinados a otros fines religiosos distintos del culto no tienen la condición de bienes sagrados.

[226]   Cfr. CABALLERO, Rafael, *Títulos constitucionales y técnicas administrativas de intervención del Estado en el patrimonio histórico-artístico de titularidad eclesiástica, op. cit.,* p. 185.

[227]   Los oratorios privados de valor cultural, aunque no tienen la consideración de bienes eclesiásticos, pueden plantear conflicto también entre su función cultural y el uso religioso porque no pueden destinarse a usos profanos. Cfr. Código de Derecho Canónico, c. 1224: «§ 1. El Ordinario no debe conceder la licencia requerida para establecer un oratorio, antes de visitar personalmente o por medio de otro el lugar destinado a oratorio y de considerarlo dignamente instalado. § 2. Una vez concedida la licencia, el oratorio no puede destinarse a usos profanos sin autorización del mismo Ordinario».

[228]   Cfr. RODRÍGUEZ BLANCO, Miguel, *Libertad religiosa y confesiones. El régimen jurídico de los lugares de culto, op. cit.,* p. 162.

En la mayoría de los casos, la armonización de la función cultural y el uso religioso de los bienes eclesiásticos de valor histórico-artístico se lleva a cabo sin grandes dificultades. Muchos de estos bienes son utilizados habitualmente para fines religiosos sin que ello impida su contemplación y estudio con fines culturales, siempre que se respeten algunas limitaciones mínimas, como los horarios de culto. Estas limitaciones suelen ser gestionadas sin necesidad de una regulación jurídica formal, más allá de las costumbres y usos establecidos. La doctrina ha llamado la atención sobre el hecho de que los conflictos en este ámbito a menudo son más aparentes que reales, ya que el destino cultural de los bienes no suele ser incompatible en sentido estricto con su dedicación al culto[229]. En general, la armonización de los dos usos requerirá ajustes que se sitúan dentro de unos límites razonables, en la medida en que la LPHE ofrece mecanismos suficientes para que dichos usos puedan coexistir[230]. A estos efectos, son relativamente frecuentes los convenios entre autoridades civiles locales y autoridades eclesiásticas que tienen como objeto permitir la utilización de bienes eclesiásticos para actividades no religiosas, pero compatibles con la dignidad del bien. Estos convenios son sin duda uno de los instrumentos más adecuados para llevar a la práctica el principio de cooperación en materia de patrimonio, sobre todo si se tiene en cuenta que en este caso existe un interés común —la conservación del patrimonio— pero distintas concepciones y expectativas sobre los bienes[231].

Sin embargo, existen situaciones en las que ambos fines pueden entrar en colisión y generar conflictos, que pueden tener carácter absoluto si los dos fines son incompatibles. Un ejemplo de esto sería el uso de un bien eclesiástico para fines profanos que contravenga la dignidad del bien, o el acceso de visitantes a un recinto destinado a la clausura. Los conflictos relativos aparecen cuando los dos usos son compatibles, pero requieren limitaciones en uno o en ambos, que suelen consistir en restricciones del derecho de propiedad o en el derecho de acceso al bien. En todos estos casos aparece la necesidad de decidir cuál de los dos usos —religioso o cultural— debe prevalecer.

B. Regulación legal

La normativa estatal vigente no proporciona una solución definitiva para los supuestos de conflicto entre los usos religioso y cultural de los bienes patrimoniales eclesiásticos. La LPHE no hace ninguna referencia al doble valor y uso de los bienes culturales pertenecientes a la Iglesia. El artículo XV del Acuerdo sobre Enseñanza

---

[229] *Idem.,* pp. 163-164.
[230] Cfr. Motilla, Agustín, *Bienes culturales de la Iglesia Católica: Legislación estatal y normativa pacticia, op. cit.*, pp. 52-53.
[231] Cfr. Álvarez Cortina, Andrés C., *Destino al culto y valor cultural (concurrencia y conflicto), op. cit.*, p. 88.

y Asuntos Culturales tampoco aborda de manera expresa este doble uso. Aunque se refiere al interés común que comparten estos bienes y manifiesta el compromiso de la Iglesia de poner su patrimonio al servicio de todos los españoles, no se pronuncia sobre qué uso debe prevalecer en caso de controversia[232].

El Documento elaborado por la Comisión Mixta en 1980 es el que establece con mayor claridad las bases de colaboración entre la Iglesia y el Estado. En el segundo de sus criterios básicos dispone que el uso religioso debe prevalecer sobre el uso cultural. Señala, a este respecto, que «se reconoce por el Estado la función primordial de culto y la utilización para finalidades religiosas de muchos de esos bienes, que ha de ser respetada». El Estado, en virtud del mismo interés y para compensar las limitaciones que se establezcan en las normas jurídicas de desarrollo del artículo 46 de la Constitución, se compromete a una cooperación eficaz, técnica y económica, para la conservación y enriquecimiento del patrimonio histórico-artístico y documental de carácter eclesiástico. El tercer principio del Documento sienta las bases de dicha cooperación técnica y económica en el tratamiento de los bienes eclesiásticos que forman parte del patrimonio histórico-artístico, incluyendo en primer lugar «el respeto del uso preferente de dichos bienes en los actos litúrgicos y religiosos y la utilización de los mismos, de acuerdo con su naturaleza y fines, por sus legítimos titulares». El Documento tiene en cuenta que el uso religioso de estos bienes es su fin primario, la razón que justifica su construcción y su cuidado, y como tal deben ser protegidos[233]. No obstante, la dificultad fundamental para reclamar el cumplimiento de las estipulaciones contenidas en este Documento es que no hay medios de reacción jurídica adecuados si se incumplen, porque no tiene la naturaleza de norma o acuerdo del Estado. Es un Documento emanado de la Comisión Mixta y que, por consiguiente, representa la voluntad de las autoridades que lo han suscrito, pero carece de valor normativo.

Los problemas que puedan surgir como consecuencia de la armonización de la doble función de los bienes del patrimonio eclesiástico deberán ser resueltos teniendo en cuenta la concurrencia de dos derechos, el de libertad religiosa y el de acceso a la

---

[232]   Este inciso ha sido valorado negativamente desde el entorno de la propia Iglesia, ya que no se considera adecuada la contraposición de las funciones religiosa y cultural; cfr. NIETO, Silverio, *Tensión entre destino al culto y valor cultural del patrimonio eclesiástico, op. cit.,* p. 81. Señala este autor que «se ha dado un paso indebido al considerar que lo cultural debe vaciarse de sentido religioso, como si la referencia a lo religioso restara calidad a la cultura». No obstante, aun admitiendo que la religión forma parte de la cultura de un país, los bienes eclesiásticos tienen una doble función, religiosa e histórica-artística, que sí pueden contraponerse porque los intereses tras estas dos funciones no son siempre coincidentes: en el primer caso se trata de posibilitar el ejercicio de la libertad religiosa, y en el segundo, facilitar el acceso de todos a la cultura.

[233]   Así lo estipula el Código de Derecho Canónico, en el canon 1210: «En un lugar sagrado sólo puede admitirse aquello que favorece el ejercicio y el fomento del culto, de la piedad y de la religión, y se prohíbe lo que no esté en consonancia con la santidad del lugar. Sin embargo, el Ordinario puede permitir, en casos concretos, otros usos, siempre que no sean contrarios a la santidad del lugar».

cultura, de los cuales el primero tiene la consideración de derecho fundamental. Para justificar esta prevalencia desde el punto de vista jurídico, la doctrina ha recurrido a la teoría de la afectación finalista de los bienes del patrimonio cultural a los fines religiosos. En principio, un bien cultural se elabora para ese destino; si no, no se haría; su destino forma parte de su razón de ser. Puede haber bienes de culto solo por destino, pero son los menos: una joya de valor histórico engastada en un vaso sagrado, por ejemplo. Lo que no parece lógico es un que haya un bien de culto no destinado a este fin, por ejemplo, hacer una custodia para fines no religiosos.

La afectación finalista forma parte del contenido del derecho fundamental de libertad religiosa; este derecho comprende la libertad de la Iglesia para organizar el culto y otras actividades religiosas en sus propios edificios y construcciones, sin interferencia del Estado[234]. El destino a fines religiosos de bienes eclesiásticos que tengan valor cultural produciría una afectación similar a la afectación demanial, en la que los bienes están destinados al uso público o a la prestación de servicios públicos; en el caso de los bienes eclesiásticos, se apartan del tráfico ordinario y quedan adscritos a un uso religioso, que merece una protección especial mientras el uso se mantenga[235].

La afectación de destino encuentra otro de sus fundamentos en el artículo 16.3, que impone a los poderes públicos la obligación de tener en cuenta las creencias religiosas de los ciudadanos. En consecuencia, tanto una secularización del patrimonio religioso como la imposición de una impronta laicista resultarían contrarias a dicho mandato, del mismo modo que lo sería la imposición de una orientación confesional determinada[236]. Otros preceptos constitucionales respaldan también la prioridad del uso religioso de los bienes eclesiásticos. El artículo 20 apartado b protege la libertad de expresión artística, que comprende no solo la creación de la obra, sino también el respeto de su destino, su finalidad, y su sentido último. En esta misma línea, debe considerarse también el contenido del derecho a la propiedad privada del artículo 33

---

[234] Artículo 1 de la Ley Orgánica 7/1980, de Libertad Religiosa, de 5 de julio, BOE de 24 de julio de 1980.

[235] Cfr. CABALLERO, Rafael, *Títulos constitucionales y técnicas administrativas de intervención del Estado en el patrimonio histórico-artístico de titularidad eclesiástica, op. cit.*, p. 185; ALDANONDO, Isabel, *El marco constitucional, libertad religiosa y tutela de los bienes culturales, op. cit.*, pp. 608-610; NIETO, Silverio, *Tensión entre destino al culto y valor cultural del patrimonio eclesiástico, op. cit.*, p. 93.

[236] «Del mismo modo que sin perjuicio de garantizar su eventual accesibilidad al público en general, o al estudioso en particular, no se puede olvidar que un Palacio Real puede ser la vivienda de un Monarca y, consecuentemente, no puede privársele de su intimidad, tampoco se puede pretender resolver el problema de la conservación de las catedrales sobre la base de privarlas de su condición de lugares de culto. San Marcos en Venecia, *Notre Dame* en París, o la Catedral de Burgos, antes que cualquier otra cosa son templos. No cabe, sobre la base de pretender conservar el patrimonio histórico-artístico, iniciar unas nuevas campañas desamortizadoras, y probablemente algo de eso hay, de un modo muy sutil, tras alguna normativa reguladora de la cuestión» (IBÁN, Iván C. y FERRARI, Silvio, *Derecho y religión en Europa Occidental, op. cit.*, p. 71).

de la Constitución. Por otro lado, la autonomía de la Iglesia se encuentra contemplada en el artículo I.1 del Acuerdo sobre Asuntos Jurídicos, así como en el artículo 6 de la Ley Orgánica de Libertad Religiosa. Estas disposiciones, junto con el reconocimiento de la plena capacidad de obrar de las entidades religiosas (artículo I del Acuerdo sobre Asuntos Jurídicos) avalan esta interpretación[237].

Aunque menos relevante que las normas citadas, es necesario traer a colación en esta materia la Ley del Patrimonio Nacional de 1982[238], en cuanto afecta a bienes destinados a un uso religioso. De acuerdo con esta Ley, forman parte del Patrimonio Nacional los bienes de titularidad estatal afectos al uso y servicio de la Corona para el ejercicio de las funciones que le atribuye la Constitución. Esta institución gestiona —además de otros bienes como palacios y espacios naturales— una serie de conventos y monasterios, la mayoría habitados por órdenes religiosas, cuyas dependencias albergan, asimismo, numerosas obras de arte. La compatibilidad del uso cultural y religioso habrá de armonizarse, en estos casos, también con los fines específicos del Patrimonio Nacional.

Los instrumentos más idóneos para armonizar el uso cultural y el uso religioso de los bienes son los convenios suscritos entre autoridades civiles y eclesiásticas; así lo evidencia el elevado número de acuerdos firmados con esta finalidad[239]. Estos convenios pueden tener carácter general, aplicable a un determinado tipo de bienes, o particular, cuando se refieren a un bien específico[240]. La gestión conjunta de las actividades puede evitar conflictos, aunque presenta, asimismo, retos de cierta

---

[237]   Cfr. ALDANONDO, Isabel, *El patrimonio cultural de las confesiones religiosas en España,* *op.* cit., pp. 149-151; ÁLVAREZ CORTINA, Andrés C., *Destino al culto y valor cultural (concurrencia y conflicto), op. cit.*, pp. 79 y ss.

[238]   Ley 32/1982, de 16 de junio, reguladora del Patrimonio Nacional, BOE de 22 de junio de 1982. La protección del Patrimonio Nacional como parte del patrimonio cultural tuvo rango constitucional desde la Constitución de 1812. En el proceso de elaboración de la Constitución actual, una enmienda presentada en el Senado propugnaba la inclusión de un párrafo 3 en el artículo 46 que continuara con esa protección. La enmienda fue rechazada por la Comisión Mixta, que decidió la inclusión de ese párrafo en el artículo 132, sobre los bienes de dominio público. Vid. ALEGRE ÁVILA, Juan M., *Evolución y régimen jurídico del patrimonio histórico,* op. cit., pp. 274 y ss.

[239]   Cfr. MOTILLA, Agustín, *Bienes culturales de la Iglesia Católica: Legislación estatal y normativa pacticia, op. cit.*, p 50. Esta obra contiene un exhaustivo elenco de este tipo de convenios (cfr. pp. 59 y ss.), que no ha dejado de aumentar desde la fecha de publicación de su trabajo. Muchos de estos convenios están publicados en las páginas web de las correspondientes diócesis.

[240]   Por ejemplo, el Acuerdo de 25 de febrero de 1997 sobre el Plan Nacional de Catedrales reconocía expresamente la prioridad de «la función primordial de culto y la utilización con fines religiosos de las catedrales». El Plan, que nunca fue publicado oficialmente, se encuentra actualmente en fase de revisión. El Ministerio de Educación elaboró un informe sobre las orientaciones a seguir para la modificación del Plan. En este informe, publicado en 2015, no se menciona la prioridad del uso para el culto. Tampoco en el apartado que recoge los aspectos críticos de la aplicación del Plan de 1997 se hace alusión alguna a la dificultad de armonizar el uso religioso con la función cultural de las catedrales.

envergadura[241]. No obstante, si se llegara a una situación litigiosa respecto del uso de un bien, exista o no convenio previo, será necesario recurrir a la vía judicial para dirimir el conflicto[242].

Al hablar de *uso* religioso o cultural, la expresión se entiende referida a bienes tangibles. Sin embargo, existen también bienes del patrimonio inmaterial en los que, si bien no cabe hablar propiamente de un uso, se produce una interrelación entre elementos religiosos y no religiosos. La gestión de estos bienes requiere, por tanto, una armonización del ejercicio de las potestades civiles y eclesiásticas con el fin de preservar la identidad del bien. El recurso a los convenios es habitual para establecer las bases de la colaboración, pero no impide que puedan surgir dificultades, sobre todo en aquellos casos en que las manifestaciones culturales se entrelazan con la liturgia y la normativa canónica[243]. Dos ejemplos ponen de manifiesto esta realidad.

El primero de ellos se refiere al Camino de Santiago. Se trata de una de las rutas de peregrinación más famosas desde la Edad Media, que atrae cada año a millones de personas de todo el mundo que caminan desde diversos puntos de España, e incluso de Europa, hacia Santiago de Compostela[244]. Ha recibido numerosos reconocimientos, entre ellos el de Bien de Interés Cultural en 1962 y el de

---

[241]   La gestión conjunta ha sido el sistema adoptado por dos santuarios que reciben regularmente peregrinaciones masivas debido a la devoción popular. Se trata de Montserrat, en Cataluña, y Covadonga, en Asturias. Estos lugares se gestionan a través de sendos patronatos, cuyos Consejos están integrados tanto por autoridades civiles como eclesiásticas, con el fin de lograr una mejor conciliación de los aspectos religiosos y culturales de ambos santuarios. Vid. a este respecto RODRÍGUEZ BLANCO, Miguel, *Libertad religiosa y confesiones. El régimen jurídico de los lugares de culto, op. cit.*, pp. 173 y ss., que da cuenta detallada de las disposiciones por las que se rigen estos dos lugares del patrimonio histórico. También se ha optado por la gestión conjunta por medio de un patronato en la Ley Valenciana 13/2005, de 22 de diciembre, del Misteri d'Elx, BOE de 17 de febrero de 2006. El artículo 2 de la Ley señala que «El Patronato velará por la promoción y difusión de su conocimiento, así como por la salvaguarda de los elementos patrimoniales muebles, inmuebles e inmateriales que participan en la celebración de la Misteri; todo ello sin perjuicio de las competencias de la Administración de la Generalitat en materia de patrimonio cultural, y de las de la Iglesia Católica en las cuestiones litúrgicas y religiosas». Vid. también BONET, Jaime, *El turismo religioso y el patrimonio religioso inmaterial. Aproximación al estudio de su presencia en la legislación española,* en Ramírez Navalón, ROSA (coord.), «Régimen económico y patrimonial de las confesiones religiosas», *op. cit.*, pp. 407 y ss. Sin pretensión de exhaustividad, se puede citar también en este ámbito *Catalonia Nostra*, una iniciativa conjunta de la Generalitat de Catalunya y la Conferencia Episcopal Tarraconense dirigida a la difusión del patrimonio histórico-artístico catalán.

[242]   Vid. *infra* la STS sobre las obras realizadas en el presbiterio de la Catedral de Ávila.

[243]   Cfr. ALDANONDO, Isabel, *Régimen jurídico del patrimonio cultural inmaterial religioso,* en «Anuario de Derecho Eclesiástico del Estado, XXXIX, 2023, p. 547.

[244]   El Camino o Caminos de Santiago —pues existen varias rutas— mereció una especial atención en la Ley 5/2016, de 4 de mayo, de Patrimonio de Galicia, que dedica su Título VI a la regulación de este bien.

Primer Itinerario Cultural reconocido por el Consejo de Europa[245]. Es innegable que tanto su origen como el motivo por el que realizan esta ruta la mayoría de las personas es religioso[246]. Sin embargo, el enorme impacto turístico, económico y social del Camino propició una mayor intervención de las autoridades civiles en la gestión de este itinerario[247], que ha dado lugar a numerosos convenios entre las correspondientes autoridades autonómicas y diocesanas. Al aumentar la popularidad de esta ruta, se consideró necesario arbitrar un instrumento para lograr una mayor coordinación entre las Administraciones públicas implicadas, y a tal fin se creó, en 1991, el Consejo Jacobeo[248]. A pesar del carácter religioso de este bien cultural, los documentos de creación y gestión del Consejo ni siquiera mencionan el origen y significado espiritual del Camino de Santiago, sino que destacan únicamente su valor histórico, cultural y natural. Este planteamiento contrasta con el del Consejo de Europa, que confirmó el valor religioso primordial del Camino de Santiago[249], un dato significativo en la medida en que, a diferencia de la UNESCO, el Consejo de Europa ha evitado la mención del patrimonio religioso en el texto de los Convenios sobre patrimonio cultural.

Otro ejemplo de bien inmaterial en el que la coexistencia de los elementos religiosos y no religiosos ha resultado en ocasiones compleja es la celebración de determinadas festividades religiosas, típicamente la Semana Santa de algunas localidades u otras fiestas religiosas tradicionales. La declaración de estas festividades como bienes del patrimonio cultural inmaterial conlleva un aumento de las competencias de la Administración sobre dichos actos festivos, con el riesgo de que se produzcan

---

[245] «Como resultado de esta peregrinación, se formó un rico patrimonio. Patrimonio material como lugares de culto, hospitales, alojamientos, puentes, así como patrimonio inmaterial en forma de mitos, leyendas y canciones están presentes a lo largo de los Caminos de Santiago y pueden ser disfrutados por el viajero.» URL: https://www.coe.int/en/web/cultural-routes/the-santiago-de-compostela-pilgrim-routes [13-05-2025].

[246] La Iglesia católica tiene su propio programa de gestión, desarrollo e información sobre el Camino de Santiago; es muy activa en este sentido, con varios organismos implicados en numerosas acciones relacionadas con el Camino y su significado espiritual, incluido un Boletín periódico. Vid. URL: http://catedraldesantiago.es/peregrinacion/ [13-05-2025].

[247] El desarrollo del Camino a partir de la última década del siglo xx, contribuyó, entre otros beneficios, a la supervivencia de muchas comunidades rurales y aldeas, cuyos habitantes encontraron una nueva forma de vida en el alojamiento y los servicios a los peregrinos.

[248] El Consejo Jacobeo es un órgano de cooperación que tiene por finalidad facilitar la comunicación entre la Administración General del Estado y las Comunidades Autónomas por las que discurren los Caminos de Santiago. Esta colaboración es necesaria para garantizar la protección y conservación el Camino «como un bien en continua evolución donde confluyen el patrimonio histórico, el paisaje cultural y el patrimonio natural». URL: https://www.cultura.gob.es/consejo-jacobeo/consejo-jacobeo-mcd.html [13-05-2025].

[249] Vid. *supra*, nota 245.

interferencias entre el ejercicio de las potestades administrativas y de las eclesiásticas[250], o incluso de que se deje al margen la protección del elemento religioso[251].

En el ámbito autonómico pueden encontrarse algunas disposiciones relevantes acerca de la prevalencia del uso religioso sobre el cultural. Aunque no existe ninguna norma que establezca explícitamente dicha preferencia, la preeminencia del uso religioso puede derivarse de ciertos preceptos legales. Es el caso de la Ley del Patrimonio Cultural Valenciano, cuyo artículo 9.2 dispone que la actuación de las Administraciones públicas deberá orientarse, de forma prioritaria, a facilitar la incorporación de los bienes integrantes del patrimonio cultural a usos activos y acordes con su naturaleza, como medio de promover el interés social en su conservación y restauración. Por su parte, las Leyes de Cantabria y La Rioja imponen a las autoridades eclesiásticas el deber de velar por que el ejercicio de las actividades propias del culto religioso garantice, de forma adecuada, la protección y conservación de los bienes históricos consagrados al uso litúrgico[252]. Esta previsión implica una prioridad funcional del uso litúrgico sobre otros usos posibles, puesto que la responsabilidad de supervisión y preservación recae específicamente en las autoridades religiosas, y no en las civiles[253].

2. EL ACCESO A LOS BIENES DEL PATRIMONIO

El artículo 44 de la Constitución Española consagra el derecho de acceso a la cultura como uno de los principios rectores de la política social y económica. Esta disposición constitucional emplea el concepto de *acceso* en un sentido amplio e

---

[250] R. Beneyto estudia detenidamente esta cuestión en relación con la declaración de bien de interés cultural de la fiesta del Corpus Christi en Valencia. Entiende que algunos aspectos de la relación entre las autoridades civiles y eclesiásticas no están claros. Cfr. BENEYTO, Remigio, *Declaración de interés cultural del Corpus Christi en Valencia,* en Martínez-Torrón, Javier, *et alt.*, «Religión, Matrimonio y Derecho ante el siglo XXI», vol. I, Comares, Granada, 2012, pp. 1215 y ss. Se plantea este autor la duda de a quien corresponden las decisiones sobre la procesión del Corpus Christi: al obispo, a quién le compete la organización de la procesión según el Código de Derecho Canónico, o al Ayuntamiento de Valencia, que tiene competencia sobre los elementos materiales e inmateriales que conforman la fiesta. En concreto, se pregunta qué ocurriría si por un motivo legítimo el obispo decidiera que no se celebrara la procesión, o que se hiciera únicamente en el interior de la Catedral. Si se entiende que el obispo puede hacerlo sin más exigencias, se le estaría atribuyendo la potestad de modificar un bien de interés cultural inmaterial; si, por el contrario, necesitara la autorización del ayuntamiento, el ejercicio de su potestad episcopal estaría sujeta a una autorización administrativa.

[251] Cfr. ALDANONDO, Isabel, *Régimen jurídico del patrimonio cultural inmaterial religioso, op. cit.*, p. 550.

[252] Cfr. Ley del Patrimonio Cultural de Cantabria de 1998, artículo 8.3; Ley de Patrimonio Cultural y Artístico de La Rioja, artículo 7.4.

[253] Cfr. ALDANONDO, Isabel, *El patrimonio cultural de las confesiones religiosas en España, op. cit.,* p. 164. En sentido contrario, Álvarez Cortina considera que estos artículos tienden a subordinar el fin de culto a la protección de los valores culturales; cfr. ÁLVAREZ CORTINA, Andrés C., *Destino al culto y valor cultural (concurrencia y conflicto), op. cit.*, p. 87.

inclusivo, que trasciende la mera disponibilidad material de los bienes culturales. De esta manera, se entiende por acceso no solo la posibilidad de utilizar, contemplar y disfrutar dichos bienes, sino también el derecho efectivo a participar en la vida cultural en condiciones de igualdad[254]. En consecuencia, la actuación de los poderes públicos no puede reducirse a una función pasiva o meramente administrativa de provisión de recursos culturales. La Administración pública deberá adoptar medidas que promuevan la información, la difusión y la formación cultural de los ciudadanos, con el fin de garantizar una participación real, efectiva y universal en el ámbito cultural.

La Constitución no menciona el derecho de acceso en el artículo 46, sobre patrimonio histórico-artístico; no obstante, en la medida en que los bienes del patrimonio son parte de la cultura, las autoridades han de garantizar el acceso a estos bienes. La LPHE no deja lugar a dudas sobre el derecho de acceso a los bienes patrimoniales. Afirma en su preámbulo que

> «como objetivo último, la Ley no busca sino el acceso a los bienes que constituyen nuestro Patrimonio Histórico. Todas las medidas de protección y fomento que la Ley establece sólo cobran sentido si, al final, conducen a que un número cada vez mayor de ciudadanos pueda contemplar y disfrutar las obras que son herencia de la capacidad colectiva de un pueblo. Porque en un Estado democrático estos bienes deben estar adecuadamente puestos al servicio de la colectividad en el convencimiento de que con su disfrute se facilita el acceso a la cultura y que ésta, en definitiva, es camino seguro hacia la libertad de los pueblos»[255].

El acceso a los bienes del patrimonio eclesiástico es uno de los ámbitos en los que resulta imprescindible armonizar las dimensiones religiosa y no religiosa de tales bienes. El marco de cooperación entre la Iglesia y el Estado español se articula en el Documento aprobado por la Comisión Mixta Iglesia-Estado en el año 1980. Este texto establece, como uno de los principios fundamentales de dicha colaboración, la regulación de la visita, conocimiento y contemplación de estos bienes «de la forma más amplia posible», si bien precisa que el uso litúrgico, el estudio científico y artístico de dichos bienes y su conservación tendrán carácter prioritario respecto a la visita pública de los mismos[256].

---

[254]   «En la Constitución se puede reconocer, al menos, un triple tratamiento jurídico de la cultura, en sus vertientes de (i) libertad (de creación, de cátedra, de manifestación de las distintas formas con que aparecen los fenómenos culturales), (ii) diversidad (reconocimiento y coexistencia de culturas distintas) y (iii) actividad promocional (dirigida a facilitar el acceso y disfrute de lo que es un derecho).» Congreso de los Diputados, Sinopsis del artículo 44 de la Constitución. Disponible en URL: https://app.congreso.es/consti/constitucion/indice/sinopsis/sinopsis.jsp?art=44&tipo=2. [13-05-2025]. Este trabajo se centra, principalmente, en la última de estas vertientes de la cultura.

[255]   Preámbulo de la LPHE.

[256]   Vid. Documento de la Comisión Mixta, cit., criterio tercero, apartado c.

La regulación normativa específica sobre el acceso a los bienes del patrimonio se encuentra principalmente en la LPHE. Esta norma distingue tres modalidades de acceso: el acceso con fines de inspección administrativa, el acceso con fines de estudio e investigación científica, y el acceso destinado a las visitas públicas por parte de la ciudadanía. No obstante, estas disposiciones se aplican exclusivamente a los bienes que han sido declarados Bienes de Interés Cultural[257]. Los bienes muebles que, sin alcanzar la categoría de BIC, se encuentran inscritos en el Inventario General, deben mantenerse accesibles para su inspección e investigación. Además, los titulares de estos bienes tienen la obligación legal de permitir su cesión temporal para su exhibición en exposiciones organizadas por las Administraciones públicas competentes, siempre que se respeten las condiciones de conservación y no se excedan los límites temporales establecidos por la normativa vigente[258]. No hay ninguna previsión con respecto a los restantes bienes patrimoniales, por lo que no les afectan estas disposiciones.

El acceso a los bienes del patrimonio eclesiástico con fines de inspección no suele plantear dificultades jurídicas o prácticas de especial relevancia. Este tipo de acceso se encuentra reservado a los representantes debidamente autorizados de los organismos o servicios administrativos competentes en materia de patrimonio, quienes están facultados para llevar a cabo labores de supervisión y control del estado de conservación de los bienes protegidos. En determinados ordenamientos autonómicos se contempla, además, la necesidad de permitir el acceso para la elaboración de los informes técnicos preliminares requeridos en los procedimientos de declaración de un bien como BIC, reforzando así la función preventiva de la intervención administrativa en este ámbito[259].

---

[257]   Artículo 13.2 de la LPHE: los propietarios y, en su caso, los titulares de derechos reales sobre bienes de interés cultural, o quienes los posean por cualquier título, «están obligados a permitir y facilitar su inspección por parte de los Organismos competentes, su estudio a los investigadores, previa solicitud razonada de éstos, y su visita pública, en las condiciones de gratuidad que se determinen reglamentariamente, al menos cuatro días al mes, en días y horas previamente señalados. El cumplimiento de esta última obligación podrá ser dispensado total o parcialmente por la Administración competente cuando medie causa justificada. En el caso de bienes muebles se podrá igualmente acordar como obligación sustitutoria el depósito del bien en un lugar que reúna las adecuadas condiciones de seguridad y exhibición durante un período máximo de cinco meses cada dos años».

[258]   Artículo 26.6 de la LPHE: «A los bienes muebles integrantes del Patrimonio Histórico Español incluidos en el Inventario General se les aplicarán las siguientes normas: a) La Administración competente podrá en todo momento inspeccionar su conservación. b) Sus propietarios y, en su caso, los demás titulares de derechos reales sobre los mismos están obligados a permitir su estudio a los investigadores, previa solicitud razonada, y a prestarlos, con las debidas garantías, a exposiciones temporales que se organicen por los Organismos a que se refiere el artículo 6.º de esta Ley. No será obligatorio realizar estos préstamos por un período superior a un mes por año».

[259]   Cfr. artículo 37 de la Ley de Patrimonio Cultural de Castilla y León; artículo 34 de la Ley de Patrimonio Cultural de la Comunidad de Madrid; artículo 24 de la Ley de Patrimonio Cultural de Castilla la Mancha; artículo 36 de la Ley del patrimonio cultural de Galicia.

En cuanto al acceso con fines de estudio e investigación, la LPHE recoge la obligación de los propietarios —incluidos los entes eclesiásticos— de facilitar dicho acceso previa solicitud debidamente motivada por parte del investigador. Aunque la norma no detalla los requisitos concretos que debe reunir la solicitud, puede inferirse que esta debe estar respaldada por una fundamentación clara y coherente; entra dentro de la lógica que se solicite el aval procedente de una institución académica o científica reconocida, aunque no se prevé expresamente. La LPHE no contempla la posibilidad de excepciones a este tipo de acceso, a diferencia de lo que ocurre con el régimen de las visitas públicas. No obstante, algunas normativas autonómicas sí introducen la posibilidad de denegar el acceso en casos debidamente justificados, especialmente cuando pudiera entrar en conflicto con el uso religioso del bien o su adecuada conservación[260]. La entidad religiosa podrá determinar los horarios y condiciones de estudio para respetar el uso religioso del bien. La legislación vigente guarda silencio respecto de la eventual obligación del investigador de compartir los resultados obtenidos con la entidad propietaria. Esta laguna normativa resulta llamativa, sobre todo en aquellos casos en los que los resultados del estudio pudieran tener implicaciones prácticas relevantes para la mejora de los procesos de conservación o para la necesaria restauración del bien[261].

Por lo que se refiere a las visitas, las circunstancias de apertura al público de los bienes inmuebles del patrimonio serán determinadas por la entidad religiosa que posea el bien, con la única obligación de respetar las disposiciones de la LPHE al respecto: deberá permitirse el acceso gratuito a los inmuebles declarados BIC al menos cuatro días al mes, en días y horas previamente designados y debidamente

---

[260]   Cfr. artículo 36.1.b de la Ley de patrimonio cultural de Galicia, sobre el derecho de acceso para fines de investigación: «El cumplimiento de este deber podrá ser dispensado o condicionado en su ejercicio por la Administración cuando existan causas que lo justifiquen de acuerdo con la protección del bien, las características de este o los derechos de sus personas titulares». Vid. también artículo 74 de la Ley de Patrimonio Histórico de Andalucía; artículo 43 de la Ley Asturiana del Patrimonio Cultural; artículo 42 de la Ley de Patrimonio Cultural de Cantabria; artículo 37 de la Ley de Patrimonio Cultural de Castilla y León; artículo 24 de la Ley de Patrimonio Histórico y Cultural de Extremadura; artículo 34 de la Ley de Patrimonio Cultural de la Comunidad de Madrid; artículo 26 de la Ley de Patrimonio Cultural, Histórico y Artístico de La Rioja, artículo 10 de la Ley Foral de Derechos Culturales de Navarra; artículo 32 de la Ley de Patrimonio Cultural Vasco y artículo 18 de la Ley del Patrimonio Cultural Valenciano.

[261]   Las Normas de 1982 sobre la realización del inventario de bienes muebles e inmuebles del patrimonio histórico-artístico de la Iglesia se limitan a señalar que una copia del inventario estará a disposición de los investigadores para fines de estudio o culturales, pero no prevén un retorno de los resultados de la investigación. La Iglesia simplemente se reserva «lo relativo al derecho de propiedad en cuanto afecte a explotación comercial». Cfr. «Normas para la realización del inventario de los bienes muebles e inmuebles de carácter histórico-artístico y documental la Iglesia española», de 30 de marzo de 1982, n. 6.

publicitados[262]. En el caso de los bienes muebles, es obligatorio el libre acceso cuatro días al mes al lugar donde se exponen. No obstante, también podrá acordarse como obligación sustitutoria el depósito del bien en un lugar que reúna las condiciones adecuadas de seguridad y exposición durante un periodo máximo de cinco meses cada dos años[263]. Estas últimas disposiciones sobre los bienes muebles son, en principio, compatibles con el uso religioso de los bienes. Sin embargo, deberán interpretarse de acuerdo con las características específicas de cada bien del patrimonio religioso. El traslado de ciertos objetos de carácter religioso fuera de su emplazamiento original podría desvirtuar su sentido último o finalidad espiritual. Este planteamiento resulta especialmente evidente en el caso de determinados sepulcros, imágenes o símbolos sagrados que, más allá de su valor artístico o histórico, poseen una profunda significación espiritual y cultural, convirtiéndose en focos de atracción tanto para fieles como para visitantes. Estos bienes no solo forman parte del patrimonio religioso, sino que también han configurado, a lo largo del tiempo, espacios de culto y peregrinación de enorme relevancia social. En España, existen numerosos ejemplos paradigmáticos de esta categoría, como el sepulcro del apóstol Santiago en la catedral compostelana, punto culminante del Camino de Santiago, o la columna sagrada de la Basílica del Pilar en Zaragoza, objeto de una devoción multisecular. La sola idea de trasladar temporalmente estos bienes, aun cuando técnicamente sean considerados muebles, resulta inconcebible tanto desde la perspectiva religiosa como desde la simbólica y cultural. Su eventual préstamo o desplazamiento con fines expositivos supondría una descontextualización que alteraría radicalmente su significado, vaciando de contenido

---

[262] El Real Decreto 111/1986, de desarrollo parcial de la LPHE, se refiere a la visita pública de los BIC en la disposición adicional cuarta: «1. Los propietarios y, en su caso, los titulares de derechos reales sobre Bienes de Interés Cultural deberán permitir la visita pública y gratuita de los mismos a las personas que acrediten la nacionalidad española. 2. Esta visita comprenderá la contemplación de tales bienes, con exclusión, en el caso de inmuebles, de los lugares o dependencias de los mismos que no afecten a su condición de bien de interés cultural. Respecto a su reproducción fotográfica o dibujada se estará a lo que determine el órgano competente para la protección del bien, salvando, en todo caso, los eventuales derechos de propiedad intelectual. 3. La visita a que se refiere esta disposición se permitirá de acuerdo con un calendario y horario que deberá ser aprobado por el órgano competente para la protección del bien y, en el caso de inmuebles, se hará constar en un lugar visible que sea compatible con los valores artísticos de éstos. 4. El cumplimiento de lo previsto en los apartados anteriores podrá ser dispensado conforme al artículo 13.2 de la Ley 16/1985». Esta norma, aparentemente, no siempre es respetada en la práctica, puesto que en algunos monumentos religiosos —y no religiosos— pertenecientes al patrimonio histórico-artístico no se ofrece información pública acerca de los días de visita gratuita. En otros casos, sin embargo, las autoridades eclesiásticas facilitan el acceso a esta información de manera considerable; por ejemplo, en la página web de la Diócesis de Córdoba se recogen los días y horas de acceso gratuito a todos los bienes BIC del territorio de su jurisdicción.

[263] Cfr. artículo 26.2 de la LPHE. Los bienes muebles incluidos en el Inventario General deberán, además, prestarse a exposiciones temporales organizadas por entidades públicas con las debidas garantías. Dichos préstamos no serán obligatorios por un periodo superior a un mes al año.

espiritual los templos que los albergan y desvirtuando los lugares —y, en algunos casos, las ciudades enteras— que se han desarrollado en torno a ellos. En estos supuestos, la integración del bien en su entorno adquiere un carácter inseparable, y su custodia *in situ* constituye una condición esencial para la preservación de su identidad, función y valor patrimonial.

La limitación del derecho de propiedad derivada de la obligación de permitir la visita pública a los bienes del patrimonio, tal como establece la LPHE, constituye una regulación de mínimos orientada a garantizar el cumplimiento de la función social inherente a dichos bienes[264]. Esta normativa, aunque introduce una restricción legítima al ejercicio pleno del dominio, se configura de manera suficientemente flexible como para evitar tensiones entre el uso religioso de los bienes y las exigencias derivadas de su valor cultural. En la práctica, la organización de las visitas al patrimonio eclesiástico se realiza, por lo general, en horarios que no interfieren con el culto, sin generar conflictos significativos. Además, el propio marco normativo contempla mecanismos de exención total o parcial del cumplimiento de la obligación de permitir el acceso público, en aquellos casos en los que existan razones justificadas. Esta previsión faculta a las autoridades civiles competentes para exonerar de la obligación de acceso cuando concurran circunstancias específicas, como la celebración de acontecimientos litúrgicos relevantes, festividades religiosas o cualquier otra situación que requiera preservar el carácter sacro del lugar. De este modo, la LPHE ofrece una solución equilibrada, que respeta la autonomía de las entidades religiosas sin renunciar a la protección y difusión del patrimonio cultural. Cabe destacar, no obstante, que tales situaciones de excepción son relativamente infrecuentes y, en términos generales, no suponen un obstáculo real para la aplicación efectiva de la normativa ni para el ejercicio del derecho de acceso.

Los visitantes pueden ser obligados a respetar normas específicas establecidas por las entidades religiosas en el interior de los edificios —silencio, uso de ropa adecuada, etc.—. En general, se trata de normas acordes con los usos sociales, justificadas por la dignidad y significación del bien, y que no suponen propiamente una limitación de derechos[265]. No obstante, hay supuestos en que las disposiciones estatutarias por

---

[264]   El Tribunal Constitucional ha precisado que las Comunidades Autónomas, dentro del ámbito de sus competencias, pueden regular las visitas públicas con más amplitud, respetando los mínimos establecidos en la Ley estatal. Cfr. STC 122/2014, FJ 14: «La regulación de la visita pública de los bienes declarados de interés cultural, más allá del régimen mínimo orientado a garantizar su función social, defendiéndolos así de esta clase de expoliación, puede sin duda servir a otras finalidades de entre las que son propias del patrimonio histórico, por lo que las Comunidades Autónomas con competencia en la materia están habilitadas para proceder a tal regulación, siempre claro está que con ésta no se menoscabe la competencia estatal ex artículo 149.1.28 CE que se materializa en el régimen de mínimos aludido».

[265]   Cfr. NIETO, Silverio, *Tensión entre destino al culto y valor cultural del patrimonio eclesiástico*, *op. cit.*, p 86.

las que se rige la entidad religiosa pueden colisionar con el derecho de todos los ciudadanos a visitar los bienes de interés cultural. Un caso paradigmático es el de los edificios que pertenecen a órdenes religiosas masculinas o femeninas que sólo permiten la visita de hombres o mujeres, respectivamente. Como se acaba de señalar, las autoridades civiles pueden conceder una exención parcial de la obligación de acceso para la visita pública, pero esa exención no puede llevar consigo una diferencia de trato por razón de sexo, a menos que haya una razón suficientemente justificada, que en este caso sería la autonomía de las confesiones religiosas para establecer sus propias normas internas. Sin embargo, la solución a esta controversia, en caso de producirse, debería procurar la armonización de los dos intereses y no la prevalencia de uno de ellos en detrimento del otro[266]. Se trata además de una cuestión que tiene una notable relevancia práctica, porque un número importante de monasterios han sido declarados BIC[267], y, por tanto, deben estar de alguna manera accesibles a la visita pública. No hay que olvidar, además, que la vida monástica y todo lo que conlleva también forma parte del patrimonio cultural inmaterial.

Las soluciones para armonizar el respeto de la vida claustral y el acceso a determinados BICs que se rigen por normas que colisionan con las visitas públicas pueden ser de índole muy variada: permitir la visita a algunas partes del edificio restringiendo la vida de las monjas o monjes a otras partes; fijar horarios más limitados para visitar determinadas estancias; trasladar algunos bienes muebles a otro edificio de libre acceso, u otras similares[268].

Precisamente un conflicto en el acceso a un monasterio puso de manifiesto que es posible lograr la armonización de los dos aspectos, cultural y religioso. El problema se planteó en un monasterio de cartujos en Aragón, la Cartuja de Aula Dei. El edificio en sí fue declarado Monumento Nacional en 1983, pero, además, conserva en su

---

[266]   El documento sobre el Plan Nacional de Abadías, Monasterios y Conventos, publicado en la página web del Ministerio de Educación, destaca la necesidad de que la intervención pública en estos elementos sea compensada con la posibilidad de hacer visitables aquellos conjuntos donde se hubiera intervenido con fondos públicos, siempre y cuando se vele por la conservación y no se altere el ritmo litúrgico y la vida monacal. Se hace hincapié en la conservación de los bienes muebles e inmuebles, pero se resalta de modo singular, como elemento destacado, el patrimonio inmaterial, constituido por el conjunto de vivencias espirituales y litúrgicas, desarrolladas en un marco de silencio. El documento contiene reiteradas referencias a la necesidad de proteger las particularidades de la vida monacal al planificar la visita pública al monasterio, abadía o convento. El Plan de Abadías, Monasterios y Conventos está actualmente en fase de revisión y no está accesible en la página web del Ministerio. En su lugar se ha publicado otro documento que contiene las líneas generales de la revisión y recoge una parte sustancial del texto del antiguo Plan.

[267]   Más de 500 según el documento sobre el Plan Nacional de Abadías Monasterios y Conventos citado; cfr. p. 8.

[268]   Cfr. sobre esta cuestión Tejón, Raquel, *Confesiones religiosas y patrimonio cultural, op. cit.,* pp. 331-332.

interior valiosas obras de arte, entre las que destacan unos frescos de Francisco de Goya. El acceso al monasterio se concedió mediante un acuerdo entre el Gobierno autonómico y las autoridades correspondientes de la Cartuja. Sin embargo, debido a las estrictas normas de esta orden religiosa, sólo los hombres podían entrar en el recinto y, por lo tanto, contemplar las pinturas. A medida que aumentó en la sociedad la sensibilidad sobre la igualdad de trato entre hombres y mujeres, se alzaron voces pidiendo el acceso de las mujeres a la Cartuja. La solución que se halló para compatibilizar el respeto a las normas internas de la orden y el acceso de las mujeres al monasterio fue la realización de una serie de reformas en la entrada al interior del inmueble que permitieron a los visitantes contemplar el edificio y, singularmente, los famosos frescos, sin perturbar la vida de clausura de los monjes[269].

No hay que subestimar tampoco las posibilidades que ofrecen las visitas virtuales, la realidad aumentada o la utilización de otros recursos tecnológicos, que pueden facilitar el disfrute de elementos del patrimonio religioso que de otro modo no serían accesibles[270].

3. PATRIMONIO ECLESIÁSTICO Y SOSTENIBILIDAD

A. Los desafíos de un patrimonio histórico-artístico sostenible

En términos generales, la sostenibilidad se entiende como la capacidad de satisfacer las necesidades del presente sin comprometer las de las futuras generaciones, promoviendo simultáneamente el crecimiento económico, el bienestar social y el desarrollo humano. Este concepto se articula en torno a tres dimensiones fundamentales: la sostenibilidad ambiental, que implica una gestión responsable y eficiente de los recursos naturales, garantizando la protección del medio ambiente sin frenar el progreso; la sostenibilidad económica, que se basa en la administración rentable y socialmente responsable de los recursos, asegurando su viabilidad a largo plazo; y la sostenibilidad social, orientada a fomentar la cohesión, la equidad, el desarrollo y la estabilidad de las comunidades y los grupos sociales. A comienzos del siglo XXI, se reconoció un cuarto pilar esencial: la sostenibilidad cultural, en respuesta a la creciente

---

[269] Puede encontrarse información sobre este caso en URL: https://patrimonioculturaldearagon.es/patrimonio/cartuja-de-nuestra-senora-de-aula-dei/ [13-05-2025]. La página web destaca «su influencia a nivel internacional ya que fue la primera cartuja que introdujo novedades adaptando la arquitectura a la vida de los monjes, consiguiendo de este modo una mayor funcionalidad». Actualmente el monasterio está regido y habitado por una comunidad que no es de clausura, por lo que no ha lugar al conflicto.

[270] Cfr. ALLARL-CHÉRIF, Oihab, *Intelligent cathedrals: Using augmented reality, virtual reality, and artificial intelligence to provide an intense cultural, historical, and religious visitor experience,* en «Technological Forecasting & Social Change», n. 178, 2022, 121604.

conciencia de que el desarrollo sostenible exige también reconocer la importancia y promover la preservación del patrimonio, las tradiciones y la diversidad cultural[271].

Desde la aprobación de los Objetivos de Desarrollo Sostenible por la Organización de las Naciones Unidas en 2015, la sostenibilidad ha pasado a ocupar un lugar central en las políticas públicas a nivel global. Esta nueva orientación no solo ha influido en áreas tradicionalmente vinculadas con el medio ambiente o la economía, sino que ha impactado de manera significativa en el ámbito cultural, y, por tanto, también en la esfera del patrimonio histórico-artístico. La gestión del patrimonio, que se centraba de manera principal en la conservación material, está llamada ahora a adoptar un enfoque más amplio, integrando criterios sociales, económicos y medioambientales. Esto implica, entre otras actuaciones, evaluar el impacto ambiental de las intervenciones que se realicen en los bienes patrimoniales, garantizar la participación de las comunidades locales y generar beneficios económicos que no comprometan su integridad. La sostenibilidad exige, asimismo, mecanismos de gobernanza participativa y planificación a largo plazo, con el fin de lograr los objetivos perseguidos.

En el contexto europeo, la preocupación por la sostenibilidad como criterio a tener en cuenta en la gestión del patrimonio histórico-artístico se puso de manifiesto años antes de la aprobación de los Objetivos de Desarrollo Sostenible de la ONU. En el Convenio de Faro, adoptado en 2005 con el auspicio del Consejo de Europa, las Partes contratantes asumieron una serie de compromisos para lograr un uso sostenible del patrimonio cultural[272]. En el ámbito de la Unión Europea, el Parlamento elaboró en 2014 un Informe titulado *Hacia un enfoque integrado del patrimonio cultural europeo*[273], que incorpora la perspectiva de la sostenibilidad en las propuestas e ini-

---

[271]   Para la consolidación de este reconocimiento fue decisiva la Declaración de la UNESCO *Situar la cultura en el centro de las políticas de desarrollo sostenible,* aprobada en Hangzhou el 17 de mayo de 2013.

[272]   Artículo 9 del Convenio Marco del Consejo de Europa sobre el valor del patrimonio cultural para la sociedad, Faro, 27 de octubre de 2005: «Las Partes contratantes se comprometen a: a) promover el respeto a la integridad del patrimonio cultural garantizando que las decisiones que supongan cambios partan del entendimiento de los valores culturales que le son inherentes; b) definir y promover los principios de gestión sostenible y favorecer la conservación; c) cerciorarse de que las reglamentaciones generales de carácter técnico tienen en cuenta las necesidades específicas de conservación del patrimonio cultural; d) fomentar el empleo de materiales, técnicas y destrezas basados en la tradición, y explorar su potencial de aplicación contemporánea; e) promover un trabajo de alta calidad mediante sistemas de cualificación y acreditación profesional de particulares, empresas e instituciones».

[273]   «El patrimonio cultural es el testigo silencioso de nuestra historia, creatividad y luchas a lo largo de los siglos. Es uno de los pilares de la cultura europea y nuestro legado común para las generaciones futuras. Por lo tanto, cualquier política pública en el ámbito del patrimonio cultural debe tener en cuenta dos perspectivas: primero, que el patrimonio cultural puede ser una fuente importante de empleo e ingresos, factores cruciales en el contexto económico actual; y segundo, que su valor principal sigue siendo su significado cultural. Una estrategia integrada ideal para el patrimonio cultural debería

ciativas que contiene. En 2022 se aprobó una Resolución del Consejo sobre el Plan de Trabajo en materia de cultura para el período 2023-2026 que señala como uno de sus principios rectores la *considerable contribución* de la cultura al desarrollo sostenible, a la economía y la inclusión social, reforzando la cohesión territorial. Asimismo, establece cuatro acciones concretas, de las cuales dos están relacionadas directamente con aspectos de la sostenibilidad del patrimonio: la protección del patrimonio cultural contra las catástrofes naturales y provocadas por el ser humano, y la acción por el clima a través de las artes y el patrimonio cultural[274].

Los retos que afronta el patrimonio eclesiástico en el ámbito de la sostenibilidad son en gran parte comunes a todo el patrimonio histórico-artístico. En su mayoría, han de hacer frente a los problemas derivados de la contaminación, del cambio climático y sus consecuencias, y del turismo masivo, entre otros[275]. No obstante, ciertos bienes del patrimonio eclesiástico están especialmente expuestos a algunos de estos riesgos. Un número considerable de inmuebles de la Iglesia tienen una gran antigüedad, lo que les hace especialmente vulnerables a los efectos de los agentes ambientales[276]. El turismo religioso es un problema, no solo un activo, en algunas poblaciones, incapaces de absorber los visitantes que acuden a contemplar determinados monumentos. También los cambios de estructura de la población, y muy en particular la despoblación rural, tienen un impacto en el patrimonio histórico-artístico eclesiástico, ya que son numerosas las edificaciones de carácter religioso que quedan abandonadas.

Estos problemas requieren un tratamiento específico, en el que la colaboración entre la Iglesia y el Estado es imprescindible. Han de afrontar conjuntamente las

---

considerar ambos aspectos de esta cuestión, equilibrando la necesidad de crecimiento inmediato y creación de empleo con la comprensión de que el patrimonio cultural es un recurso a largo plazo que requiere un plan de desarrollo sostenible». Conclusiones del Informe del Parlamento Europeo *Hacia un enfoque integrado del patrimonio cultural europeo*, 24.6.2015 - (2014/2149 INI).

[274] Cfr. Resolución del Consejo sobre el Plan de Trabajo de la Unión Europea en materia de Cultura para el período 2023-2036, Diario Oficial de la Unión Europea 2022/C 466/01, de 7 de diciembre de 2022.

[275] Según el Informe *Hacia un enfoque integrado del patrimonio cultural europeo*, cit., el turismo cultural constituye aproximadamente el 40% del turismo europeo. En España, gran parte de ese turismo tiene como destino lugares o bienes religiosos; de los diez monumentos más visitados en España, siete son templos católicos (Información proporcionada por el Portal oficial de Turismo de España, URL: https://www.spain.info/es/ [13-05-2025]).

[276] Algunos problemas afectan de manera singular a determinados edificios religiosos. Por ejemplo, los nidos de las cigüeñas ponen a veces en peligro las espadañas de las iglesias, lo que ha provocado conflictos entre los titulares de las iglesias y determinadas entidades de protección de la fauna. Cfr. NIETO, Silverio, *Tensión entre destino al culto y valor cultural del patrimonio eclesiástico, op. cit.,* p. 83. Estas controversias deberían resolverse con el concurso de las partes implicadas, ya que no representan intereses opuestos; tanto la protección del patrimonio cultural como del medio ambiente conciernen a todos los ciudadanos.

medidas que deberán adoptarse para que el patrimonio histórico-artístico eclesiástico sea sostenible[277]. Las autoridades estatales han elaborado una serie de informes, guías y otro tipo de documentos que contienen las estrategias de actuación en este ámbito[278]. La sostenibilidad se sitúa como eje prioritario de las diferentes actuaciones, y en particular se tiene en cuenta en todas aquellas que supone una asignación de fondos públicos, que alcanza, por tanto, a las intervenciones que se realicen en el patrimonio histórico-artístico eclesiástico con la colaboración del Estado[279].

Siguiendo las tendencias actuales, también la Iglesia católica ha incorporado la perspectiva de la sostenibilidad a las actuaciones relacionadas con el patrimonio histórico-artístico eclesiástico. Numerosas entidades cuentan ya con planes de sostenibilidad, y desde la propia Conferencia Episcopal se promueve la incorporación de prácticas sostenibles en todos los aspectos de la vida eclesial[280]. Entre otras actuaciones, se fomenta el uso de energías renovables en la gestión de los monumentos, se está optimizando la gestión de los residuos y adoptando medidas para favorecer la accesibilidad a los bienes del patrimonio. No obstante, dada la amplitud y variedad de los entes eclesiásticos titulares de bienes patrimoniales, la posición en que se hallan para afrontar eficazmente los desafíos de una gestión sostenible del patrimonio difiere de unos a otros[281]. En este sentido, cabe destacar

---

[277] La sostenibilidad es también una preocupación de los agentes del tercer sector. Vid. por ejemplo la Red Mundial de Turismo Religioso, que tiene como misión «fortalecer la comprensión intercultural, fomentar el respeto por la diversidad religiosa y contribuir al desarrollo sostenible de los destinos especializados en experiencias espirituales y religiosas».

[278] La información más relevante aparece recogida en la página web del actual Ministerio de Derechos Sociales, Consumo y Agenda 2030, URL: https://www.dsca.gob.es/es [13-05-2025].

[279] Los criterios de sostenibilidad aparecen tanto en acciones generales como en otras más específicas orientadas a la conservación del patrimonio histórico-artístico. Un ejemplo de las primeras serían los fondos *Next Generation* EU y su Mecanismo para la Recuperación y la Resiliencia, que tratan de dar respuesta a los daños económicos y sociales derivados de la pandemia. Un ejemplo de las segundas sería el Plan Nacional de Catedrales, que se hace eco de los retos de la sostenibilidad en relación con la protección y conservación de estos monumentos.

[280] Entre las iniciativas promovidas en esta línea cabe mencionar la creación del Premio Iglesia Sostenible, para reconocer la labor de las entidades que se hayan distinguido por su corresponsabilidad en el desarrollo de su misión.

[281] Aunque no es posible citar todas las iniciativas de gestión sostenible del patrimonio eclesiástico, pueden destacarse dos, por distintas razones. Una de ellas es de la Diócesis de Burgos, en colaboración con el Ministerio de Turismo, Industria y Comercio, denominada *Expedición 4.0 al Medioevo*. Señala la memoria del proyecto que se trata de «un proyecto innovador que, además de realzar el valor histórico y cultural de los templos, catedrales, ermitas y conventos, busca hacer las visitas más didácticas y accesibles para todos los públicos. Utilizando tecnología sostenible, el plan se plantea como un puzle, que integra diversos aspectos de la época medieval, explorando la espiritualidad, la identidad, la configuración del espacio urbano y rural, así como el arte, los oficios, las fiestas, las costumbres y la vida cotidiana. El objetivo es proporcionar a los visitantes una experiencia única, donde puedan entender el sentido y el propósito de las diversas manifestaciones del patrimonio religioso. El proyecto está alineado

las acciones adoptadas en la Mezquita-Catedral de Córdoba, que cuenta desde 2025 con un Plan de Sostenibilidad; se convierte así en uno de los primeros monumentos españoles patrimonio de la Humanidad de la UNESCO en contar con un plan de estas características.

B. Conservación del patrimonio

El primer objetivo de un patrimonio sostenible debe ser conservar los bienes en condiciones adecuadas, respetando sus características originales, su función y su valor cultural. La transmisión de este legado a las generaciones futuras solo será posible si se llevan a cabo las tareas de mantenimiento y restauración necesarias. No obstante, dichas intervenciones deben realizarse de manera respetuosa con la finalidad y el significado original de los bienes[282]. Consciente de esta exigencia, la LPHE impone a los propietarios, poseedores o cualquier titular de derechos reales sobre bienes patrimoniales la obligación de conservarlos, mantenerlos y custodiar su integridad[283]. Con esta finalidad establece un régimen de autorizaciones previas para la realización de obras de mantenimiento o reparación, y el correspondiente sistema de sanciones administrativas en caso de inobservancia de lo dispuesto en la Ley.

---

con los Objetivos de Desarrollo Sostenible (ODS) y los Objetivos Laudato Si' (OLS), buscando no solo la sostenibilidad económica, social y medioambiental, sino también la revitalización de estos enclaves patrimoniales como centros de articulación territorial y desarrollo local». La información detallada sobre el proyecto puede encontrarse en la página web de la Diócesis de Burgos. La otra iniciativa es el proyecto *Abierto por obras* de la Catedral de Vitoria, que puso en marcha un novedoso sistema de visitas del templo en obras; ha sido replicado en muchos otros monumentos de todo el mundo. La memoria del proyecto señala expresamente que parte de una la visión del patrimonio cultural como motor de cohesión social y desarrollo económico.

[282]   La Asamblea parlamentaria del Consejo de Europa elaboró hace años un informe que recogía una serie de principios que deberían observarse en las obras de conservación y restauración de los bienes del patrimonio histórico-artístico de carácter religioso (*Cathedrals and other major religious buildings in Europe,* de la Asamblea Parlamentaria del Consejo de Europa, Doc. 8826 - 19 de septiembre de 2000). Señala este informe que todas las adaptaciones o conversiones de edificios religiosos deben seguir ciertos principios básicos: deben respetar el valor cultural del edificio que debe ser analizado y comprendido en profundidad; deben ejecutarse con un alto nivel de pericia y calidad en el diseño, combinando creatividad e innovación, y garantizando el uso de materiales y estándares adecuados. Reconoce el Informe que no existe un enfoque universal aplicable a todos los edificios religiosos en uso. La principal distinción radica entre aquellos que han sido total o parcialmente consagrados (particularmente en las tradiciones católica y ortodoxa) y aquellos que, sin estar consagrados, son empleados con fines religiosos. El informe presta atención también a un aspecto que, aunque no está relacionado directamente con la sostenibilidad, también es relevante: la adecuada comunicación a la comunidad. Señala a este respecto que las reformas deben ser «compatibles con las tradiciones de la comunidad religiosa y no generar rechazo en la comunidad local. En este sentido, puede ser necesario un proceso de comunicación claro y riguroso para evitar oposiciones derivadas de malentendidos o de actitudes conservadoras sin fundamento en la teología o en la autoridad religiosa».

[283]   Artículo 36.1 de la LPHE.

Asimismo, la LPHE contiene una serie de criterios que deben presidir el modo de llevar a cabo las obras que se realicen en los bienes que tengan valor cultural. En el caso de los bienes inmuebles, tendrán preferencia las obras con finalidad de conservación, consolidación y rehabilitación sobre los intentos de reconstrucción, salvo cuando se utilicen partes originales de los propios bienes y pueda probarse su autenticidad[284]. Igualmente debe evitarse cualquier acción que pueda dañar o perturbar el disfrute o la contemplación de los bienes, aunque esta norma solo es aplicable a los BIC. A tal fin, se prohíbe la instalación de carteles publicitarios, pancartas, cables o antenas en la fachada de los BIC[285].

Los bienes que integran el patrimonio eclesiástico están sometidos a los mismos requisitos de autorización que el resto de los bienes del patrimonio histórico-artístico. Sin embargo, resulta fundamental atender a las particularidades derivadas del destino y la finalidad propios de estos bienes. Así, por ejemplo, la prohibición general de colocar carteles en las fachadas no puede extenderse a los símbolos de fe instalados en los edificios, ni a los anuncios de servicios religiosos u otras comunicaciones vinculadas a las actividades litúrgicas o pastorales que se desarrollen en su interior. En todo caso, estas expresiones deberán integrarse de manera que alteren lo menos posible la estética y el valor patrimonial del inmueble.

Si bien tanto el Estado como la Iglesia comparten el interés en llevar a cabo las reparaciones o reformas necesarias, pueden surgir discrepancias en cuanto al alcance y la naturaleza de las intervenciones a realizar. Las exigencias derivadas de normas religiosas —particularmente, las relativas a la liturgia— pueden entrar en conflicto con los criterios de conservación, protección o exhibición del bien. En principio, toda intervención requerida por el uso litúrgico de un bien debería ser autorizada, dado que dicho uso constituye su destino y finalidad original. Sin embargo, esta cuestión ha resultado en ocasiones controvertida.

El Tribunal Supremo resolvió un caso que tuvo una notable repercusión, en el que colisionaban las disposiciones legales sobre los bienes del patrimonio y las normas religiosas sobre liturgia[286]. La controversia se planteó en torno a las obras de remodelación del presbiterio de la Capilla Mayor de la Catedral de Ávila, realizadas para

---

[284]   Artículo 39.2 de la LPHE. Indica además la Ley que, si se añadiesen materiales o partes indispensables para su estabilidad o mantenimiento, las adiciones deberán ser reconocibles y evitar las confusiones miméticas. El párrafo 3 precisa que la restauración de estos bienes respetará «las aportaciones de todas las épocas existentes. La eliminación de alguna de ellas sólo se autorizará con carácter excepcional y siempre que los elementos que traten de suprimirse supongan una evidente degradación del bien y su eliminación fuere necesaria para permitir una mejor interpretación histórica del mismo. Las partes suprimidas quedarán debidamente documentadas».

[285]   Artículo de la 19 LPHE.

[286]   STS 528/2009, de 19 de febrero - ECLI:ES:TS:2009:528.

cumplir con determinadas exigencias litúrgicas[287]. Las obras suponían ciertos riesgos para la protección de unas lápidas funerarias ubicadas en el lugar de las obras, y se veía afectada también la contemplación de las mismas. El recurso del Obispado para mantener las obras fue desestimado porque el Tribunal Supremo entendió que las modificaciones necesarias para cumplir con las exigencias litúrgicas podían haberse realizado a través de otros medios técnicos que permitieran la contemplación y conservación de las lápidas[288]. La Sentencia entiende que escoger entre el uso litúrgico y el religioso solo sería exigible cuando estuviera acreditada la absoluta incompatibilidad entre uno y otro, cosa que no sucede en el supuesto que resuelve a la vista de los informes técnicos. No obstante, añade la Sentencia, en caso de tener que elegir, tendría preferencia el litúrgico o religioso[289].

La conservación de los bienes patrimoniales en un estado óptimo y coherente con su función requiere la cooperación activa de todos los sectores implicados, especialmente de la Iglesia y el Estado. En este contexto, el mecenazgo se presenta como una herramienta valiosa, dada la magnitud de los recursos necesarios para garantizar la adecuada preservación del patrimonio histórico-religioso. Esta colaboración institucional se ha concretado, entre otras iniciativas, en la formulación de dos Planes Nacionales específicamente orientados al mantenimiento y la conservación de catedrales, monasterios, abadías y conventos. Estos Planes representan un ejemplo de coordinación público-privada en la gestión del patrimonio cultural, en el que se armoniza el elemento cultural con el respeto del uso religioso de los bienes[290].

---

[287]   La remodelación tenía como finalidad que la celebración de los actos litúrgicos pudiera realizarse cara al pueblo, para permitir la mayor participación de los fieles, como exigen las normas emanadas del Concilio Vaticano II.

[288]   «Indudablemente sería cuestión de estudiar si es más importante proteger el derecho de los ciudadanos a contemplar este monumento funerario o el derecho a realizar la función social religiosa de la Catedral; pero esto se produciría si no hubiese unos medios técnicos adecuados para permitir el cumplimiento de las dos funciones, la religiosa y la histórico-artística».

[289]   Cfr. FJ 4. La Sentencia, ampliamente citada en la doctrina jurídica, es en cierto modo confusa e incluso contradictoria. No obstante, es clara al destacar el carácter preferente de la finalidad religiosa sobre el valor cultural. Véase los comentarios a esta sentencia en NIETO, Silverio, *Tensión entre destino al culto y valor cultural del patrimonio eclesiástico, op. cit.*, pp. 87 y ss.; MARTÍ, José M., *Patrimonio cultural e interés religioso (católico) y nuevos usos,* Madrid, Dykinson, 2021, pp. 174 y ss.; ALDANONDO, Isabel, *La interpretación jurisprudencial sobre la coordinación entre valor de cultura y valor de culto en la sentencia del Tribunal Supremo de 10 de febrero de 2009,* en «Patrimonio Cultural y Derecho», n. 13, 2009, pp. 205 y ss.; Idem., *El patrimonio cultural de las confesiones religiosas en España, op. cit.*, pp. 151 y ss; ÁLVAREZ -CORTINA, Andrés C., *Destino al culto y valor cultural (concurrencia y conflicto), op. cit.*, pp. 99 y ss.; MOTILLA, Agustín, *Bienes culturales de la Iglesia Católica: Legislación estatal y normativa pacticia, op. cit.*, pp. 53-54; HERRERA, Enrique, *La protección jurídica del patrimonio religioso en Cantabria, op. cit.*, pp. 39 y ss.

[290]   Los planes nacionales del patrimonio cultural se conciben como instrumentos de gestión del patrimonio para definir una metodología de actuación y programar las intervenciones, con el fin

El Plan Nacional de Catedrales fue elaborado a partir de 1987 y formalizado en 1990 mediante un acuerdo entre el Ministerio de Cultura y la Conferencia Episcopal Española[291]. Su objetivo principal era preservar las catedrales, que son elementos privilegiados de la historia y la cultura del país. Además de su valor religioso, estas edificaciones poseen un significado social y simbólico que tuvieron una influencia innegable en el desarrollo urbano, incluso convirtiéndose en el referente identificativo de determinadas ciudades. Las catedrales constituyen testimonios históricos que reflejan las principales corrientes artísticas y son expresión de la época en que fueron construidas, pero continúan desempeñando un papel fundamental en la evolución de los conjuntos urbanos[292].

La formulación del Plan tuvo en cuenta, además del valor histórico y simbólico de las catedrales, factores contemporáneos como el aumento de la contaminación ambiental, el crecimiento del turismo y la utilización de estos espacios para actividades culturales. En este contexto, se acordó que el Estado, las Comunidades Autónomas y las diócesis debían desarrollar un plan director para cada catedral. Este debía incluir un diagnóstico de su estado de conservación, la identificación de riesgos, las intervenciones prioritarias, un cronograma de ejecución y un presupuesto estimado para un período de entre ocho y diez años. Asimismo, se contempló la creación de una comisión para el seguimiento del plan director y la coordinación de las diversas fuentes de financiación[293].

---

de coordinar la actuación de diversos organismos de la Administración sobre unos bienes culturales complejos. Vid. la información publicada sobre esta materia en la página web del Ministerio de Cultura, URL: https://www.españaescultura.es/inicio.html [13-05-2025].

[291]   Este Plan General no fue publicado oficialmente, pero este hecho no afectó a su eficacia. Vid. RODRÍGUEZ BLANCO, Miguel, *El Plan Nacional de Catedrales: contenido y desarrollo,* en «Revista Española de Derecho Canónico», n. 60, 2003, pp. 711, 718.

[292]   Un informe completo sobre este Plan se encuentra en URL: https://www.cultura.gob.es/planes-nacionales/dam/jcr:51237635-e3ae-4bb7-9d1a-130a03c13909/01-maquetado-catedrales.pdf [6-11-2024]. Este documento contiene también referencias bibliográficas especializadas sobre el Plan. El primer número de la Revista del Instituto del Patrimonio Histórico Español, de 2002, está dedicada íntegramente al Plan Nacional de Catedrales, con aportaciones interesantes sobre este tema. Vid. también MOTILLA, Agustín, *«Bienes culturales de la Iglesia Católica: Legislación estatal y normativa pacticia»,* op. *cit.,* pp. 68-69. Un comentario crítico sobre este Plan puede encontrarse en NIETO, Silverio, *«Tensión entre destino al culto y valor cultural del patrimonio eclesiástico»,* op. *cit.,* pp. 82 y ss. Algunas regiones tienen su propio Plan de Catedrales, que asignan fondos regionales a las obras específicas de conservación de las catedrales; un ejemplo es el *Plan Catedrais 2021-2027* en Galicia.

[293]   Una vez establecidos los proyectos individuales, quedó claro que el Plan no podía abarcar todas las catedrales españolas (un total de 90). Por ello, el 21 de noviembre de 2006, un nuevo acuerdo parcial entre el Gobierno español y la Iglesia Católica estableció una prioridad en las catedrales, determinando cuáles necesitaban ayuda más urgentemente. Vid. sobre este tema TEJÓN, Raquel, *Confesiones religiosas y Patrimonio cultural,* op. cit., p. 246.

El Plan General prevé tres fuentes principales de financiación: en primer lugar, el Gobierno de España, que se compromete a cofinanciar las intervenciones, incorporándolas como prioritarias en las leyes de presupuestos generales del Estado dentro del régimen de mecenazgo, lo que implica beneficios fiscales para las contribuciones privadas; en segundo lugar, las Administraciones autonómicas y locales; y, finalmente, la Iglesia, a través del cabildo metropolitano de cada catedral. A esto se suma la responsabilidad de la Iglesia de gestionar subvenciones europeas y recabar apoyo de sus propios miembros. Los planes específicos deben determinar el porcentaje de financiación correspondiente a cada una de estas partes. Cabe destacar, además, los acuerdos de cooperación económica suscritos con empresas privadas[294].

Actualmente, el Plan está en proceso de revisión, con el objetivo de fomentar una cooperación más amplia, no solo en términos de conservación y restauración, sino también en lo referente a la gestión cotidiana de estos monumentos. Asimismo, se busca corregir las deficiencias detectadas en la ejecución del Plan original e incorporar los avances metodológicos, científicos y técnicos desarrollados desde su aprobación[295].

Años después de la publicación del Plan de Catedrales se aprobó el Plan Nacional de Abadías, Monasterios y Conventos. Si el Plan de Catedrales tenía en cuenta la relevancia singular de estos templos, este nuevo Plan partía de otra realidad, en este caso, numérica. España alberga 703 monasterios, lo que representa un tercio de la vida contemplativa mundial y la convierte en el país con mayor número de monasterios[296]. De ellos, aproximadamente 500 han sido declarados Bien de Interés Cultural. Además del valor patrimonial intrínseco de los inmuebles, muchos monasterios conservan valiosas obras de arte, resultado de sus vínculos históricos con la nobleza y la monarquía y de la constante labor de mecenazgo de la Iglesia[297]. Esta situación contribuyó a preservar un importante patrimonio de bienes muebles, al haber estado

---

[294]   Las diputaciones provinciales y los bancos a menudo desempeñan un papel importante en la financiación de estos planes directores. Vid. MUSOLES, M. Cruz, *Planes nacionales para la conservación y restauración del patrimonio cultural eclesiástico*, en Ramírez Navalón, Rosa (coord.), «Régimen económico y patrimonial de las confesiones religiosas», *op. cit.,* p. 320. Las empresas y fundaciones privadas son también fuente de financiación de algunos proyectos. Vid., por ejemplo, el *Programa de iluminaciones*, que mejora la iluminación interior y exterior de templos con valor histórico-artístico, y el Plan Románico Atlántico, que incluye la restauración de una veintena de templos, ambos de la Fundación Iberdrola.

[295]   MESEGUER, Silvia, *La gestión del patrimonio cultural de titularidad eclesiástica*, en Vega Gutiérrez, Ana M., *et al.* (coords.), «Protección del Patrimonio Cultural de Interés Religioso. Actas del V Simposio Internacional de Derecho Concordatario», *op. cit.*, p. 481.

[296]   Cfr. URL: https://declausura.org/vida-contemplativa/ [13-5-2025]

[297]   Cfr. GOTI, Juan *Los bienes culturales de la Iglesia católica,* en «Revista sobre Patrimonio Cultural: Regulación, Protección Intelectual e Industrial» (RIIPAC), n. 8, 2016, p. 180.

protegido de la destrucción y el saqueo de las frecuentes guerras. También se conserva un relevante patrimonio inmaterial vinculado a la vida monástica, como la música sacra, las prácticas devocionales y otras tradiciones espirituales[298].

Estos edificios afrontan en la actualidad desafíos considerables. El descenso del número de religiosos ha llevado al cierre de varios monasterios, una tendencia que continúa año tras año; además, la llegada de comunidades procedentes de otros países y culturas plantea nuevas exigencias de adaptación. En algunos casos, para enfrentar estos retos, estos espacios se están reutilizando para funciones distintas a la vida monástica. Estos factores pueden comprometer la integridad del patrimonio y justifican la necesidad de intervenciones orientadas a garantizar su conservación[299].

Como respuesta a esta necesidad, el Ministerio de Cultura y la Conferencia Episcopal Española firmaron el 25 de marzo de 2004 un convenio para la puesta en marcha del Plan Nacional de Abadías, Monasterios y Conventos. Este instrumento busca definir modelos de gestión y de uso que aseguren la conservación de estos conjuntos patrimoniales. Las actuaciones financiadas por el Estado deben complementarse con medidas destinadas a la difusión del conocimiento, las visitas públicas y la promoción del bien, respetando la identidad y el uso religioso de los espacios.

La estructura general del Plan es similar a la del Plan Nacional de Catedrales, aunque la realidad de los monasterios, abadías y conventos es más heterogénea. Prevé la elaboración de un plan director para cada inmueble declarado BIC, el cual deberá evaluar los riesgos y determinar las intervenciones necesarias para su mantenimiento y conservación. También debe ocuparse de armonizar los usos religiosos y no religiosos, procurando no perturbar la vida claustral. Las fuentes de financiación son similares a las previstas en el Plan de Catedrales, y, al igual que dicho Plan, el de Monasterios, Abadías y Conventos se encuentra actualmente en fase de revisión.

---

[298]   Cfr. MUSOLES, M. Cruz, *Planes nacionales para la conservación y restauración del patrimonio cultural eclesiástico, op. cit.*, p. 305.

[299]   Los objetivos del Plan, tal como se recogen en el propio documento, son tres. En primer lugar, iniciar una respuesta efectiva ante el acelerado deterioro y la alta vulnerabilidad de este extenso patrimonio. En segundo lugar, fomentar su apertura a la sociedad, promoviendo la identificación de usos compatibles o alternativos que contribuyan a su sostenibilidad y eviten su cierre o abandono. Finalmente, se propone impulsar la investigación en este ámbito mediante un nuevo enfoque de Plan Director y de Documentación, que, más allá de la tradicional recopilación de información arquitectónica e histórica, otorgue un papel central al estudio y la recopilación del patrimonio inmaterial vinculado a estos bienes, así como del patrimonio etnográfico y documental, de las actividades económicas y tecnológicas, de la dimensión social, las prácticas religiosas, la música y la literatura, entre otros aspectos, desde una perspectiva amplia, interdisciplinar e integradora. Cfr. URL: https://www.cultura.gob.es/planes-nacionales/dam/jcr:236fedc4-a421-4735-8141-45207f9d4e04/folleto-leer-plan-abadias.pdf. [13-05-2025].

C.   Reutilización de los bienes

Los cambios sociales y eclesiales de las últimas décadas han hecho que un número significativo de bienes religiosos hayan caído en desuso. Un análisis superficial señalaría como causa prácticamente exclusiva de esta falta de uso la disminución de la práctica religiosa y la falta de clero. Sin embargo, el abandono o desuso de determinados bienes religiosos es un fenómeno más complejo en el que intervienen otros elementos; entre ellos pueden destacarse las tendencias demográficas generales y locales; la despoblación de las áreas rurales y los centros históricos de las ciudades, que ha llevado a una reordenación de las parroquias y al consiguiente abandono o infrautilización de las iglesias; los cambios en el gusto artístico y en las demandas litúrgicas, así como los tipos de espacios de relación preferidos por las generaciones más jóvenes[300].

La Iglesia, consciente de la complejidad que entraña esta problemática, advirtió desde hace más de tres décadas sobre los riesgos asociados a una gestión inadecuada de los bienes eclesiásticos[301]. En 2018, el entonces Pontificio Consejo para la Cultura aprobó las Directrices para la reutilización de los lugares de culto, un documento que evidenciaba cómo la atención de la Santa Sede hacia el patrimonio eclesiástico respondía no solo a la situación social antes mencionada, sino también a una creciente conciencia sobre el valor histórico, artístico y simbólico de los edificios sagrados y

---

[300]   Cfr. LONGHI, Andrea, *La reutilización eclesial de las iglesias en desuso: Cuestiones históricas y críticas en el reciente documento del Consejo Pontificio para la Cultura (2018),* en «Actas de Arquitectura Religiosa Contemporánea», n. 6, 2019, pp. 218 y ss.

[301]   «En lo que concierne a los lugares que se van abandonando cada vez más a causa de la crisis de vocaciones, convendrá diseñar un programa para ser puesto en práctica, que considere no solamente el factor económico (venta al mejor precio posible), sino sobre todo el significado histórico y espiritual de las construcciones. Es preciso que no se tomen decisiones precipitadas acerca de la enajenación del patrimonio inmueble, sino más bien téngase en cuenta el fin propio de cada edificio, para mantener íntegro su objetivo original, especialmente en el caso de los centros litúrgicos. Las grandes construcciones que se encuentran sobre todo en países tradicionalmente cristianos no deberían prestarse a especulaciones dudosas, sino que han de estar disponibles con vistas a actividades sociales y culturales en bien de la población que anteriormente ayudó a edificarlas». (Carta de la Pontificia Comisión para los Bienes Culturales de la Iglesia, *Los bienes culturales de los Institutos Religiosos,* de 10 de abril de 1994). Tiempo después reiteraba esta preocupación en relación con los bienes de las órdenes y congregaciones religiosas: «el cierre, cada vez más frecuente, de casas religiosas, pone en evidencia el problema del destino, no sólo de las obras de arte y de los objetos litúrgicos, sino de enteras bibliotecas e, incluso, de archivos que, en no pocos casos, se soluciona con una irremediable dispersión de los mismos en el mercado de los anticuarios, con un grave daño para el patrimonio eclesiástico y en contraste con las disposiciones tanto canónicas como civiles». (Pontificia Comisión para los Bienes Culturales, *Inventario de los bienes culturales de los Institutos de Vida Consagrada y de las Sociedades de Vida Apostólica: algunas orientaciones prác*ticas, de 15 de septiembre de 2006).

de los bienes muebles que albergan[302]. La adecuada reutilización de estos bienes, eje central de dichas Directrices, se plantea como una estrategia coherente con los principios de sostenibilidad que la Iglesia busca integrar en la gestión de su patrimonio[303].

La decisión sobre la oportunidad de dar una nueva vida útil a esos bienes, su transmisión, destrucción, o cualquier otra decisión sobre su destino es un asunto interno de la Iglesia[304], pero si los bienes tienen valor histórico-artístico la decisión excede ese ámbito; el Estado también tiene interés en la situación y destino de esos bienes, ya que forman parte del acervo común[305].

A diferencia de otros países, la Conferencia Episcopal española no ha dado indicaciones generales sobre la reutilización de los bienes eclesiásticos, por lo que habrá que atender a las normas generales del Derecho canónico para conocer las condiciones de reutilización de los bienes eclesiásticos.

Respecto de los bienes inmuebles, en los supuestos en que sea necesario un cambio de uso o destino del bien total o parcialmente, porque ya no cumple su función originaria, la solución más sostenible sería dedicarlo a nuevos usos religiosos, atendiendo a necesidades actuales. La construcción de columbarios, de alojamientos para religiosos ancianos o de hospederías para peregrinos son algunos de los ejemplos de reutilización de bienes inmuebles de valor histórico-artístico que ya no cumplían su función. Si no es posible la reutilización dentro del ámbito eclesiástico, podrían enajenarse estos bienes, previa desacralización, para usos compatibles con la preservación de su valor histórico-artístico; en el caso de las iglesias, debe tratarse de un uso digno, o con palabras del Código de Derecho Canónico, no sórdido[306]. Las iniciativas culturales y sociales resultan

---

[302] Pontificio Consejo para la Cultura, *Decommissioning and Ecclesial Reuse of Churches. Guidelines,* 17 de diciembre de 2018. Vid. sobre esta cuestión el n. 2.

[303] Cfr. n. 11 de las Directrices. En relación con la reutilización de bienes inmuebles, señala expresamente: «Un horizonte de sostenibilidad debe guiar los procesos de transformación, teniendo en cuenta no solo los factores ambientales y económicos, sino también la sostenibilidad cultural-social y político-administrativa de cualquier intervención. Cada proceso de transformación debe ser, de hecho, sostenible no solo en lo que respecta a la obra de transformación en sí, sino también a la gestión del edificio transformado, dentro de un horizonte temporal al menos a mediano plazo, sobre la base de acuerdos que identifiquen responsabilidades e intereses precisos, casos de uso articulado en el tiempo y el espacio, control por parte de gestores competentes y reglas claras de uso». Cfr. n. 27.

[304] Cfr. a este respecto los cánones 1254-1310 del Código de Derecho Canónico. Además de estas disposiciones, habrá que tener en cuenta también las normas estatutarias por las que se rigen la administración de los bienes de la entidad eclesiástica propietaria.

[305] Vid. MARTÍ, José M., *Patrimonio cultural e interés religioso (católico) y nuevos usos, op. cit.,* pp. 8 y ss.

[306] Canon 1222: «§ 1. Si una iglesia no puede emplearse en modo alguno para el culto divino y no hay posibilidad de repararla, puede ser reducida por el Obispo diocesano a un uso profano no sórdido. § 2. Cuando otras causas graves aconsejen que una iglesia deje de emplearse para el culto divino, el Obispo diocesano, oído el consejo presbiteral, puede reducirla a un uso profano no sórdido, con el

especialmente apropiadas para este fin. En todo caso, es necesario tener en cuenta las limitaciones establecidas en la LPHE: la enajenación de bienes inmuebles del patrimonio histórico-artístico solo podrá realizarse a favor del Estado, de entidades de derecho público u otras entidades eclesiásticas[307], con el fin de garantizar el acceso de todos los ciudadanos a esos bienes.

En cuanto a los bienes muebles, la reutilización sostenible aparece en principio como un problema menos complejo que el de los bienes inmuebles, en la medida en que un bien mueble puede ser trasladado y exhibido o utilizado en otro lugar que no sea el suyo originario. No obstante, la aparente simplicidad se complica cuando se desciende al detalle de la situación de determinados bienes muebles. Preservar en la medida de lo posible el uso para el que un bien fue concebido, o para otro compatible con él, ha de ser siempre un objetivo prioritario. Más aún, existen bienes muebles que constituyen una unidad de destino con el edificio en que se hallan, e incluso con elementos inmateriales que conforman un todo orgánico. La separación o el desmembramiento, si bien pueden ser una solución necesaria para evitar pérdidas irreparables de patrimonio, podrían también llevar a una destrucción de un conjunto patrimonial que pierde significado cuando pierde su unidad.

Además, puede surgir un conflicto entre la normativa canónica y la legislación civil respecto al destino de determinados bienes sagrados. Las Directrices del Pontificio Consejo para la Cultura reconocen este problema particularmente en relación con los altares[308]. Estos elementos litúrgicos conservan su carácter sagrado incluso cuando la iglesia ha sido reducida a un uso profano [309]. Por ello, la práctica canónica contempla la destrucción del altar si no puede ser trasladado a otro lugar, para evitar un uso indebido. No obstante, cuando el altar posee un valor histórico o artístico, esta medida entra en conflicto con la normativa estatal sobre la protección y conservación

---

consentimiento de quienes legítimamente mantengan derechos sobre ella, y con tal de que por eso no sufra ningún detrimento el bien de las almas». Vid. MARTÍ, José M., *Patrimonio cultural e interés religioso (católico) y nuevos usos, op. cit.,* pp. 195 y ss; señala este autor que queda pendiente por resolver dentro del ámbito del Derecho canónico si destinar una antigua iglesia a una mezquita es técnicamente uno de los usos que podrían crear confusión.

[307]   Artículo 28.1 de la LPHE: «Los bienes muebles declarados de interés cultural y los incluidos en el Inventario General que estén en posesión de instituciones eclesiásticas, en cualquiera de sus establecimientos o dependencias, no podrán transmitirse por título oneroso o gratuito ni cederse a particulares ni a entidades mercantiles. Dichos bienes sólo podrán ser enajenados o cedidos al Estado, a entidades de Derecho Público o a otras instituciones eclesiásticas».

[308]   Cfr. *Decommissioning and Ecclesial Reuse of Churches. Guidelines,* cit., n. 16.

[309]   Cfr. canon 1238 §2 del Código de Derecho Canónico. Sobre este tema, vid. MARTÍ, José M., *Patrimonio cultural e interés religioso (católico) y nuevos usos, op. cit.,* pp. 186 y ss.

del patrimonio cultural, que prohíbe la destrucción de bienes del patrimonio[310]. La controversia debe ser resuelta caso por caso, buscando la solución idónea en cada situación. Cuando se trata de un altar valioso, su traslado a un museo diocesano o a otro espacio expositivo que garantice la dignidad y el respeto que merece una pieza de tales características no debería presentar mayores dificultades[311].

[310] Artículo 323 del Código Penal de 1995, aprobado por Ley Orgánica 10/1995, de 23 de noviembre: «Será castigado con la pena de prisión de seis meses a tres años o multa de doce a veinticuatro meses el que cause daños en bienes de valor histórico, artístico, científico, cultural o monumental, o en yacimientos arqueológicos, terrestres o subacuáticos. Con la misma pena se castigarán los actos de expolio en estos últimos. 2. Si se hubieran causado daños de especial gravedad o que hubieran afectado a bienes cuyo valor histórico, artístico, científico, cultural o monumental fuera especialmente relevante, podrá imponerse la pena superior en grado a la señalada en el apartado anterior. 3. En todos estos casos, los jueces o tribunales podrán ordenar, a cargo del autor del daño, la adopción de medidas encaminadas a restaurar, en lo posible, el bien dañado.

[311] Cfr. *Decommissioning and Ecclesial Reuse of Churches. Guidelines*, cit., n. 33.

1. Patrimonio inmaterial

A. **El problema de su regulación**

La noción de patrimonio cultural protegido por las leyes y tratados internacionales ha experimentado una modificación sustancial desde los primeros instrumentos jurídicos que se ocupaban de esta materia. Inicialmente, el concepto de patrimonio estaba centrado en los bienes muebles e inmuebles de valor histórico y artístico. Paulatinamente, el ámbito del patrimonio protegido por las leyes se fue ampliando para incluir otras expresiones de la cultura. Actualmente, junto a los denominados *bienes cosa* se reconoce también la importancia de los *bienes actividad*; es decir, además de los elementos materiales, se tiene en cuenta el valor de los bienes inmateriales como parte integrante del patrimonio cultural[312].

La distinción entre bienes materiales e inmateriales no es radical; en los bienes materiales concurre, frecuentemente, un elemento intangible que contribuye a dar valor o significado al bien al situarlo en un contexto determinado. A su vez, los bienes inmateriales suelen manifestarse mediante soportes tangibles[313]. Pese a ello,

---

[312] Cfr. preámbulo de la Ley 10/2015, para la salvaguardia del Patrimonio Cultural Inmaterial, de 26 de mayo, BOE de 27 de mayo de 2015.

[313] El informe del Consejo de Estado sobre la Ley para la salvaguardia del Patrimonio Cultural Inmaterial alude a esta circunstancia, señalando que «en todos los bienes culturales —tangibles o intangibles— la imbricación entre lo material e inmaterial es relevante. O, dicho de otro modo, el patrimonio inmaterial no es ajeno a la materia, resultando prácticamente imposible separar lo material de lo inmaterial en el contexto de la cultura (...). Cuestión distinta es que la conformación externa de los soportes a través de los que se manifiesta el patrimonio cultural inmaterial permita esa distinción entre lo material e inmaterial, pudiéndose en unos casos compartir y en otros diferenciar mecanismos de protección».

la prevalencia del elemento material o inmaterial de un bien determina el recurso a fórmulas y técnicas jurídicas diferentes para su protección. De ahí que en el caso de los bienes muebles e inmuebles predomine la idea de conservación de estos bienes, mientras que en el supuesto de los bienes inmateriales las acciones sean de salvaguardia de las actividades y de las comunidades portadoras, ya que se trata de un patrimonio vivo[314].

La necesidad de adoptar medidas para salvaguardar el patrimonio cultural inmaterial se concretó por primera vez a nivel mundial en la 32ª reunión de la Conferencia General de la UNESCO, celebrada en 2003, que aprobó la Convención para la Salvaguardia del Patrimonio Cultural Inmaterial[315]. La trascendencia de esta Convención no deriva solo de su carácter pionero, que propició la adopción de medidas legislativas en los países que la ratificaron; de su contenido pueden destacarse, a los efectos que aquí interesa, dos aspectos: la adopción de un concepto de patrimonio inmaterial y de un sistema de protección de esta categoría de bienes.

El patrimonio cultural inmaterial, de acuerdo con la Convención, está constituido por

> «los usos, representaciones, expresiones, conocimientos y técnicas —junto con los instrumentos, objetos, artefactos y espacios culturales que les son inherentes— que las comunidades, los grupos y los individuos reconozcan como parte integrante de su patrimonio cultural. Este patrimonio cultural inmaterial, que se trasmite de generación en generación, es recreado constantemente por las comunidades y grupos en función de su entorno, su interacción con la naturaleza y su historia, infundiéndoles un sentimiento de identidad y continuidad»[316].

Se trata, por tanto, de un patrimonio que, aunque recoge las tradiciones y costumbres de los pueblos, sigue en evolución, desarrollándose en el presente: es tradicional, contemporáneo y viviente a un mismo tiempo. Es además un patrimonio integrador, que contribuye a la cohesión de las comunidades; estas juegan un papel fundamental en la identificación y custodia del patrimonio, ya que solo aquellas manifestaciones claramente reconocidas por las respectivas comunidades disfrutarán de la debida protección. Tiene también carácter representativo, por lo que su valía proviene de ser transmisor de conocimientos o tradiciones del grupo social. Estas características

---

[314]   Cfr. preámbulo de la Ley para la salvaguardia del Patrimonio Cultural Inmaterial.

[315]   La página web de la UNESCO da cuenta detallada de los precedentes y del procedimiento de elaboración de este documento, y contiene una exposición pormenorizada de la Convención y sus implicaciones, de donde está tomada parte de la información de este apartado. URL: https://www.unesco.org/es/intangible-cultural-heritage [13-05-2025]. España ratificó la Convención en el año 2006 mediante Instrumento de 25 de octubre de 2006, BOE de 5 de febrero de 2007.

[316]   Artículo 2 de la Convención.

explican que la Convención se refiera a la *salvaguardia* de estos bienes, que asocia el imperativo de protección del patrimonio con la necesidad de transmitirlo y asegurar su continuidad de un modo acorde con su naturaleza de bien dinámico[317].

El patrimonio inmaterial se manifiesta en ámbitos y mediante símbolos de distinta naturaleza. La Convención menciona las tradiciones y expresiones orales, incluido el idioma; las artes del espectáculo; los usos sociales, rituales y actos festivos; conocimientos y usos relacionados con la naturaleza y el universo, y las técnicas artesanales tradicionales[318]. No son categorías excluyentes, de manera que una manifestación del patrimonio inmaterial puede encuadrarse en más de uno de estos tipos. Aunque la Convención no contempla la religión como una categoría autónoma, la descripción que realiza de cada uno de los tipos de bienes inmateriales permite incluir en casi todos ellos manifestaciones religiosas, que tienen así cabida en el ámbito de aplicación de la Convención.

La intención de la Convención, en todo caso, es que ninguna posible expresión del patrimonio inmaterial quede desprotegida; en consecuencia, la UNESCO admite que los países puedan añadir más categorías o subcategorías a las ya reconocidas en este documento. La idiosincrasia del país, incluyendo los elementos de su cultura que tengan carácter religioso, podrá, por tanto, encontrar acomodo en las legislaciones nacionales, manteniéndose dentro del ámbito de la Convención para que esta sea aplicable.

La salvaguardia del patrimonio inmaterial se articula en el texto de la Convención a través de dos Listas, que se actualizan anualmente: la Lista Representativa del Patrimonio Cultural Inmaterial de la Humanidad, donde figuran las expresiones que ilustran la diversidad del patrimonio inmaterial, y la Lista del Patrimonio Cultural Inmaterial que requiere medidas urgentes de salvaguardia para asegurar su trasmisión a las generaciones futuras. Asimismo, se crea un Registro de buenas prácticas de salvaguardia que se compone de programas, proyectos y actividades que reflejen adecuadamente los principios y objetivos de la Convención.

En la Lista Representativa del Patrimonio Cultural Inmaterial de la Humanidad están incluidos veintidós bienes españoles. De ellos, seis pertenecen al ámbito religioso: el Misterio de Elche (2008), la Patum de Berga (2008), el canto de la Sibila de Mallorca (2010), la fiesta de la Mare de Déu de la Salut de Algemesí (2011), las tamborradas, repiques rituales de tambores (2018), y el toque

---

[317]   Cfr. Campos y Fernández de Sevilla, Javier, *El patrimonio inmaterial de la cultura cristiana,* San Lorenzo del Escorial, Ediciones Escurialenses, 2013, p. 115; Labaca, Lourdes, *Las festividades religiosas: manifestaciones representativas del Patrimonio Cultural Inmaterial,* en «Revista sobre Patrimonio Cultural» (RPIIC), n. 8, 2016, p. 5.

[318]   Cfr. artículo 2.

manual de campanas (2022)[319]. Todos ellos tienen su origen y razón de ser en tradiciones religiosas, aunque en torno a estas celebraciones se han desarrollado otros elementos civiles[320].

En España, la ratificación de la Convención de la UNESCO propició la promulgación de la Ley 10/2015, para la salvaguardia del Patrimonio Cultural Inmaterial (LPCI)[321]. Esta norma resultó controvertida por diversos motivos, comenzando por la necesidad de una ley que regulara específicamente el patrimonio inmaterial.

El patrimonio inmaterial no estaba, hasta entonces, regulado expresamente en la legislación. La LPHE incluye dentro de su ámbito de aplicación el patrimonio etnográfico[322], al que dedica el título VI, integrado tan solo por los artículos 46 y 47. De acuerdo con el artículo 46, se consideran bienes etnográficos «los bienes muebles e inmuebles y los conocimientos y actividades que son o han sido expresión relevante de la cultura tradicional del pueblo español en sus aspectos materiales, sociales o espirituales»[323]. El artículo 47 se refiere, en cada uno de sus tres apartados, respectivamente, a los bienes etnográficos muebles, inmuebles y a aquellos de carácter inmaterial. A estos últimos los define como «conocimientos o actividades que procedan de modelos o técnicas tradicionales utilizados por una determinada comunidad». Aunque este último apartado se refiere a bienes intangibles, el patrimonio inmaterial y el patrimonio etnográfico no pueden identificarse.

El patrimonio etnográfico está constituido por los bienes y tradiciones que son expresión de la cultura de un pueblo; comprende bienes materiales como edificaciones, instrumentos agrícolas, vestimentas, espacios representativos, etc. y conocimientos y prácticas como fiestas, música, gastronomía y otros. El patrimonio inmaterial, por su parte, se centra en las prácticas, conocimientos y expresiones vivas transmitidas de generación

---

[319]   Otros bienes, aunque no tienen carácter estrictamente religioso, están de alguna manera vinculados a tradiciones o elementos religiosos católicos. Por ejemplo, la fiesta de Los Caballos del Vino, de Caravaca de la Cruz, incluido en la Lista en 2020, tiene lugar durante las celebraciones en honor de la Santísima y Vera Cruz.

[320]   Cfr. CAMPOS Y FERNÁNDEZ DE SEVILLA, Javier, *El patrimonio inmaterial de la cultura cristiana*, *op. cit.*, pp. 17 y ss. El autor menciona otros elementos de la cultura religiosa católica que considera que reúnen los requisitos para ser incluidos en la Lista de bienes del patrimonio cultural inmaterial de la UNESCO, por su aportación a la cultura europea o española: el canto gregoriano, las romerías, la Semana Santa, las cofradías y hermandades, el Corpus Christi, la vida religiosa, los villancicos y saetas y el año litúrgico.

[321]   La disposición final primera de la Ley 18/2013, de 12 de noviembre, para la regulación de la Tauromaquia como patrimonio cultural, BOE de 13 de noviembre de 2013, daba un plazo de tres meses al Gobierno para el impulso de las reformas normativas necesarias para recoger, dentro de la legislación española, el mandato y objetivos de la Convención para la Salvaguardia del Patrimonio Cultural Inmaterial de la UNESCO.

[322]   Cfr. artículo 1.2.

[323]   Cfr. artículo 46.

en generación, como tradiciones orales, artes escénicas y rituales. Es evidente, sin embargo, que ambos tipos de patrimonio confluyen y puede producirse una confusión de conceptos, máxime si se tiene en cuenta que las manifestaciones del patrimonio inmaterial suelen tener un marco espacial y temporal y pueden expresarse a través de determinados bienes materiales; por ello, la protección del patrimonio inmaterial comprende también los soportes materiales en que descansen los bienes objeto de salvaguardia[324]. La clave para diferenciar ambos conceptos radica en el carácter vivo y dinámico del patrimonio cultural inmaterial, a diferencia del patrimonio etnográfico, que abarca tanto actividades y conocimientos que se desarrollan en la actualidad como manifestaciones de carácter histórico; estas últimas no forman parte del patrimonio cultural inmaterial.

Las diferencias entre ambas categorías, patrimonio etnográfico y patrimonio inmaterial, son más profundas que una mera distinción de conceptos. Fiel al concepto de patrimonio etnográfico que propone, la LPHE solo tutela estos bienes en el caso de que se encuentren en previsible peligro de desaparición[325]. Más que protección, parecen medidas orientadas a documentar unos hechos históricos que no van a poder sobrevivir al paso del tiempo; la LPHE mira más, en este aspecto, al pasado que al presente, mientras que la LPCI busca una salvaguardia del patrimonio inmaterial como parte de la cultura actual de un pueblo[326].

Finalmente, en la LPHE subyace un concepto de patrimonio en el que priman los bienes muebles e inmuebles. Los medios e instrumentos para la conservación del patrimonio regulados en la normativa de 1985-86 están orientados a los bienes tangibles; la inclusión del patrimonio inmaterial en su ámbito de aplicación requeriría una revisión completa de la Ley para garantizar su adecuada protección, que precisa de medios específicos que sean conformes con su naturaleza[327]. Por eso, aunque la LPCI introdujo en el artículo 2 de la LPHE una cláusula que dispone que forman parte del Patrimonio Histórico Español los bienes que integren el Patrimonio Cultural Inmaterial, añade a continuación *de conformidad con lo que establezca su legislación especial.*

---

[324] Cfr. Artículo 4 de la LPCI. Vid. también ALDANONDO, Isabel, *Régimen jurídico del patrimonio cultural inmaterial religioso, op. cit.*, p. 541

[325] Cfr. artículo 47.3: «Cuando se trate de conocimientos o actividades que se hallen en previsible peligro de desaparecer, la Administración competente adoptará las medidas oportunas conducentes al estudio y documentación científicos de estos bienes».

[326] Cfr MARZAL, REYES, *El patrimonio cultural inmaterial,* Thomson Reuters Aranzadi, Navarra, 2018, p. 19.

[327] La memoria del anteproyecto de la LPCI justificaba la aprobación de una Ley específica afirmando que «la singularidad de los bienes que forman parte del Patrimonio Cultural Inmaterial y de los mecanismos para su protección hace que su integración [en la LPHE] plantee dificultades, tanto por la especial naturaleza de los bienes a proteger, como por el tipo de acciones necesarias para su salvaguarda. Por ello, se ha optado por aprobar una ley independiente que, sin renunciar a los ajustes puntuales de la Ley 16/1985 para garantizar su adecuada integración en el Patrimonio Histórico Español, proporciona una cobertura jurídica propia a esta categoría patrimonial, que excede los límites del patrimonio etnográfico».

Sin perjuicio del consenso sobre la necesidad de prestar una atención particular al patrimonio inmaterial, el principal motivo de crítica de la LPCI es que esta categoría de bienes patrimoniales se regule en una ley independiente y no a través de una refundición de la normativa sobre patrimonio que incorpore también las disposiciones pertinentes sobre el patrimonio inmaterial. El Consejo de Estado, así como algunas Comunidades Autónomas, consideraban que las especificidades del patrimonio inmaterial, sobre todo en cuanto se refiere a su protección, no son suficientes para justificar la aprobación de una ley independiente y romper el enfoque unitario del patrimonio histórico-artístico[328]. Coincidía en este análisis un sector doctrinal, que entendía que el contenido de la LPCI debería haberse incluido en la LPHE para lograr un tratamiento integrado de todos los tipos de patrimonio en un único instrumento legislativo[329]. La ley única parece, además, coherente con el concepto más moderno de bienes culturales, en los que se entrelazan el aspecto material e inmaterial. Esta aproximación unitaria no sería obstáculo para que se reconocieran las particularidades de determinados tipos de bienes, estableciendo regímenes de tutela diferenciados, pero sin escindir la regulación del patrimonio en dos bloques normativos.

El propio legislador, consciente de que la opción de una sola ley sobre patrimonio sería la más adecuada, introdujo en la disposición final quinta de la LPCI una delegación recepticia en el Gobierno para elaborar, antes del 31 de diciembre de 2019, un texto refundido en el que se integraran, debidamente regularizadas, aclaradas y armonizadas, la LPHE, la LPCI y las disposiciones en materia de protección del patrimonio histórico contenidas en normas con rango de ley, previsión que, evidentemente, no se ha cumplido[330]. Esta situación, sin embargo, no llama especialmente

---

[328]   Vid. el dictamen del Consejo de Estado 673/2014, que justificaba el tratamiento unitario del patrimonio aludiendo a la propia Convención de la UNESCO de 2003, que no solo no impone una normativa especial, sino se refiere en uno de sus considerandos a «la profunda interdependencia que existe entre el patrimonio cultural inmaterial y el patrimonio material cultural y natural».

[329]   Cfr. CASTRO, M. Pilar, y ÁVILA, Carmen M., *La salvaguardia del patrimonio inmaterial: Una aproximación a la reciente Ley 20/2015*, en «Revista sobre Patrimonio Cultural» (RIIPC), n. 5-6, 2015, pp. 89 y ss; MARZAL, Reyes, *El patrimonio cultural inmaterial, op. cit.,* pp. 38 y ss.; SÁNCHEZ SÁEZ, Antonio J., *El patrimonio cultural inmaterial y las técnicas jurídico-administrativas de protección de los bienes muebles e inmuebles a él asociados,* en «Revista Española de Derecho Administrativo», n. 186, 2017, p. 238.

[330]   Cfr. ALDANONDO, Isabel, *Régimen jurídico del patrimonio cultural inmaterial religioso, op. cit.,* pp. 536 y ss. La autora recoge las sucesivas disposiciones, además de la ya mencionada, que autorizan al Gobierno a elaborar un texto refundido sobre la materia. Todos los plazos se han incumplido, sin que hasta ahora se haya materializado la elaboración de un texto único sobre patrimonio. No obstante, ha habido dos anteproyectos de ley de patrimonio histórico-artístico, y en ambos se recogía la conveniencia de regular conjuntamente las diferentes categorías de patrimonio. En la primera consulta pública para aprobar el nuevo texto refundido (2018) se indica que el principal problema que se quiere solucionar con la nueva norma es que «la normativa reguladora del patrimonio histórico español se encuentra en la actualidad diseminada en varios textos legislativos, resultando especialmente destacable el hecho de que el patrimonio material y el inmaterial

la atención porque la regulación unitaria requeriría, como se ha dicho, un cambio de paradigma en la protección del patrimonio, redimensionando el centro de gravedad situado hasta ahora en los bienes materiales, muebles e inmuebles[331]; todo el régimen de prohibiciones, autorizaciones, controles, derechos de tanteo y retracto que regula la LPHE no cabe en el caso de los bienes inmateriales. Solo las medidas de fomento, y poco más, podrían ser comunes para todos los tipos de patrimonio[332].

La regulación del patrimonio inmaterial en una ley independiente no es el único punto controvertido de la LPCI. La doctrina también ha valorado negativamente la calidad técnica de la Ley: el preámbulo es más largo que el articulado, la Ley tiene un contenido pobre, y parece dedicada a justificar las competencias estatales frente a las autonómicas[333]. Se ha dejado pasar la oportunidad de incorporar a nuestro ordenamiento un instrumento que verdaderamente sirviera para la salvaguardia de este patrimonio, tan necesario actualmente[334].

---

no se encuentren regulados de forma unificada en un mismo texto.» En la segunda consulta (2020) se dice, de manera más difusa, que el texto refundido es necesario por la «aparición y desarrollo de nuevos tipos de patrimonio no recogidos en la Ley 16/1985, de 25 de junio, del Patrimonio Histórico Español, algunos con regulación propia posterior, como el patrimonio cultural inmaterial». Sobre la conveniencia de una nueva legislación sobre patrimonio histórico español, vid. ÁLVAREZ ÁLVAREZ, José L., *El patrimonio cultural: de dónde venimos, donde estamos, a donde vamos,* en «Revista Patrimonio Cultural y Derecho», n. 1, 1997, pp. 15 y ss; PEREZ DE ARMIÑÁN, Alfredo, *Una década de la Ley de Patrimonio Histórico,* en «Revista Patrimonio Cultural y Derecho», n. 1, 1997, pp. 33 y ss.; GARCÍA FERNÁNDEZ, Francisco J., *La protección jurídica del Patrimonio Cultural. Nuevas cuestiones y nuevos sujetos a los diez años de la Ley de Patrimonio Histórico Español,* en «Revista Patrimonio Cultural y Derecho», n. 1, 1997, pp. 53 y ss.; ALEGRE ÁVILA, Juan M., *Observaciones para la revisión de la Ley del Patrimonio Histórico Español de 1985,* en «Revista Patrimonio Cultural y Derecho», n. 3, 2009, pp. 11 y ss.; ALONSO IBÁÑEZ, Rosario, *La tercera generación de leyes de patrimonio histórico,* en «Revista Patrimonio Cultural y Derecho», n. 18, 2014, pp. 11 y ss.; ANGUITA, Luis, *Reflexiones sobre la ley 16/1985, de 25 de junio, del patrimonio histórico español, op. cit.,* p. 68.

[331]   Cfr. MARZAL, Reyes, *El patrimonio cultural inmaterial, op. cit.,* p. 40.

[332]   Cfr. ANGUITA, Luis, *Reflexiones sobre la ley 16/1985, de 25 de junio, del patrimonio histórico español, op. cit.,* p. 81. Este autor opina que, en caso de una regulación conjunta, los bienes materiales e inmateriales deberían estar regulados en libros distintos, ya que los bienes inmateriales no pueden estar regulados por normas coercitivas, sino por normas que fomenten su conocimiento y preservación a través de la práctica.

[333]   Cfr. MARZAL, Reyes, *El patrimonio cultural inmaterial, op. cit.,* p. 29, quien considera que la oportunidad de esta regulación solo se entiende por el interés del Estado por justificar su competencia sobre la materia. La normativa autonómica regula el patrimonio inmaterial en las leyes generales sobre patrimonio o en leyes específicas. Vid. sobre esta materia López BRAVO, Carlos, *El patrimonio cultural inmaterial en la legislación española. Una reflexión desde la Convención de la UNESCO de 2003,* en «Patrimonio cultural y Derecho», n. 8, 2004, p. 208. Vid. también una referencia a las leyes autonómicas en ALDANONDO, Isabel, *Régimen jurídico del patrimonio cultural inmaterial religioso, op. cit.* pp. 534-535.

[334]   R. Marzal advierte del elevado número de disposiciones que afectan al patrimonio cultural inmaterial, dada la naturaleza transversal de esta materia. Destaca, entre ellas, la regulación turística, pero también inciden en esta categoría de patrimonio, entre otras, las normativas urbanística, medioambiental, deportiva, y sobre propiedad intelectual e industrial. Cfr. MARZAL, Reyes, *El patrimonio cultural inmaterial, op. cit.,* pp. 42 y ss.

B. La salvaguardia del patrimonio cultural inmaterial

La noción de un patrimonio no material merecedor de protección y custodia no resulta novedosa, especialmente en el ámbito eclesiástico. La Iglesia católica siempre ha valorado los elementos inmateriales de su bagaje cultural y espiritual, como la liturgia y la música sacra, y ha procurado su conservación y transmisión a lo largo del tiempo. Sin embargo, la preocupación de los Estados y del Derecho internacional por la salvaguarda del patrimonio inmaterial y su plasmación en instrumentos jurídicos es relativamente reciente, como se acaba de exponer[335].

El concepto de bienes culturales inmateriales viene delimitado por tres elementos, principalmente: su carácter intangible —sin perjuicio del eventual soporte material—, su carácter vivo y dinámico, y su valor identitario de la comunidad[336]. La LPCI los define como los usos, representaciones, expresiones, conocimientos y técnicas que las comunidades, los grupos y en algunos casos los individuos, reconozcan como parte integrante de su patrimonio cultural, y a continuación señala algunas categorías de bienes, en particular, que integran este patrimonio[337]. Ni en las categorías generales ni en las especiales se hace referencia a los usos y costumbres de carácter religioso, a pesar de su número y relevancia[338]. Esta omisión ha sido criticada por la doctrina,

---

[335]   Pueden verse los antecedentes de esta regulación en España en ALDANONDO, Isabel, *Régimen jurídico del patrimonio cultural inmaterial religioso, op. cit.*, pp. 530-531, aunque no recogen propiamente el concepto de patrimonio cultural inmaterial, sino figuras afines.

[336]   Cfr. MARZAL, Reyes, *El patrimonio cultural inmaterial, op. cit.,* pp. 51 y ss.

[337]   En concreto, alude la Ley a las tradiciones y expresiones orales, así como la toponimia tradicional; las artes del espectáculo; los usos sociales, rituales y actos festivos; los conocimientos y usos relacionados con la naturaleza y el universo; las técnicas artesanales tradicionales; la gastronomía; los aprovechamientos específicos de los paisajes naturales; las formas de socialización colectiva y organizaciones; las manifestaciones sonoras, música y danza tradicionales. Cfr. artículo 2 de la LPCI. Algunas leyes autonómicas mencionan los bienes religiosos al tratar de los bienes inmateriales, pero son una minoría. El artículo 1.3 de la Ley del Patrimonio cultural valenciano señala que forman parte del patrimonio cultural valenciano, en calidad de bienes inmateriales del patrimonio etnológico, «las expresiones de las tradiciones del pueblo valenciano en sus manifestaciones musicales, artísticas, deportivas, religiosas, gastronómicas o de ocio, y en especial aquellas que han sido objeto de transmisión oral, las que mantienen y potencian». La Ley de salvaguardia de patrimonio inmaterial de las Islas Baleares indica en su preámbulo que considera incluidas en el concepto de cultura popular y tradicional las manifestaciones culturales, tanto materiales como inmateriales, entre otras, las danzas rituales o religiosas. La Ley de Patrimonio histórico y cultural de Extremadura, en su artículo 59, incluye dentro de los bienes muebles de carácter etnológico aquellos objetos que constituyan la manifestación o el producto de actividades laborales, estéticas, lúdicas y religiosas propias del pueblo extremeño transmitidas consuetudinariamente. Finalmente, la Ley de Patrimonio Cultural de la Comunidad de Madrid dice en su artículo 17.f que tendrán la consideración de patrimonio cultural inmaterial las manifestaciones de religiosidad popular.

[338]   Según la memoria de la Iglesia católica en España de 2025, existen 418 celebraciones y fiestas religiosas en España. Las fiestas religiosas católicas tienen un impacto estimado de 9.860 millones de euros y generan 134.000 puestos de trabajo (datos tomados del portal Portantos, sobre distribución de

como ya ocurrió con la LPHE[339]. Sin perjuicio de la conveniencia de mencionar un tipo de bienes por su significación en la cultura y la historia de España, lo cierto es que los bienes inmateriales eclesiásticos pueden ser subsumidos, sin especiales dificultades en las categorías establecidas en la LPCI.

Una característica distintiva de esta Ley es el reconocimiento del papel fundamental que desempeñan las comunidades, los grupos e incluso los individuos en relación con el patrimonio cultural inmaterial. Son estos actores sociales quienes deben identificar dicho patrimonio, definirlo como parte de su identidad y garantizar su continuidad. En este sentido, la sociedad civil adquiere un protagonismo central en los procesos de identificación y salvaguardia de este patrimonio, hasta el punto de que únicamente aquellos bienes que las propias comunidades portadoras reconocen pueden ser considerados patrimonio inmaterial.

Pese a la destacada función que se les atribuye, la Ley no ofrece criterios claros para determinar quiénes integran estas comunidades o grupos, ni en qué circunstancias dejan de ser considerados relevantes a efectos legales. Esta ambigüedad puede dificultar la aplicación efectiva de medidas de protección, especialmente en contextos de conflicto o frente a intentos de apropiación indebida del patrimonio inmaterial[340]. Existe, sin embargo, consenso doctrinal en atribuir a las comunidades religiosas la condición de portadoras legítimas del patrimonio cultural inmaterial de carácter religioso. Esta interpretación se sustenta en el artículo 16.1 de la Constitución Española, que, al garantizar la libertad religiosa tanto de los individuos como de las comunidades, reconoce su derecho a manifestar públicamente sus creencias, lo que puede incluir expresiones culturales susceptibles de ser consideradas patrimonio inmaterial[341].

---

la asignación tributaria a la Iglesia católica, URL: https://www.portantos.es/ y de la página web de la Conferencia Episcopal española [13-05-2025]).

[339] Vid., entre otros, SÁNCHEZ SÁEZ, Antonio J.,*El patrimonio cultural inmaterial y las técnicas jurídico-administrativas de protección de los bienes muebles e inmuebles a él asociados, op.cit.*, p. 232. Una explicación detallada de los bienes que integran el patrimonio inmaterial religioso puede encontrarse en LABACA, Lourdes, *Las festividades religiosas: manifestaciones representativas del Patrimonio Cultural Inmaterial, op. cit.*, pp. 16 y ss.

[340] Cfr. MARZAL, Reyes, *El patrimonio cultural inmaterial, op. cit.*, p.101; ALDANONDO, Isabel, *Régimen jurídico del patrimonio cultural inmaterial religioso, op. cit.*, p. 540. Estas autoras recogen los criterios de una reunión de la UNESCO, celebrada en 2006, sobre el alcance de estos términos. La expresión *comunidad* remite a una red de personas con sentido de identidad compartida que resulta de una relación histórica común que genera la práctica y transmisión de su patrimonio inmaterial; los grupos están integrados por personas de una o más comunidades que, además de compartir saberes, conocimientos y experiencias especiales, tienen una posición específica en la práctica actual y futura, o en la recreación y transmisión de su patrimonio cultural inmaterial como tutores, practicantes o aprendices; y lo mismo puede decirse de los individuos cuando actúan a título personal en una posición distinta a la que ostentan por su condición de ciudadanos.

[341] Cfr. ALDANONDO, Isabel, *Régimen jurídico del patrimonio cultural inmaterial religioso, op. cit.*, pp. 540-541; MARZAL, Reyes, *El patrimonio cultural inmaterial, op. cit.*, pp. 105-106.

Las manifestaciones culturales inmateriales pueden ser declaradas a nivel nacional «Manifestación Representativa del Patrimonio Cultural Inmaterial», concepto aplicable a aquellos elementos patrimoniales de alto valor cultural que presentan una gran capacidad de arraigo y de apropiación simbólica para buena parte del territorio español. Cuatro de los catorce elementos reconocidos hasta la fecha son religiosos[342]: la Semana Santa, el Belenismo, la Fiesta del Sexenni y el Toque Manual de Campanas[343]. Estas declaraciones, sin embargo, no han recibido una crítica unánime[344]. La declaración de la Semana Santa como Manifestación Representativa del Patrimonio Cultural Inmaterial presenta como comunes rasgos y hechos que se producen en distintos lugares, pero que no corresponden a una misma realidad; la celebración de la Semana Santa difiere ampliamente de unas localidades a otras, y conservar los rasgos propios de cada lugar es esencial para preservar la autenticidad del patrimonio inmaterial. Por otra parte, las declaraciones de Manifestación Representativa del Patrimonio Cultural Inmaterial realizadas hasta la fecha se limitan a reproducir las medidas de protección contenidas en la LPCI, sin precisar otros medios y técnicas de tutela de cada uno de los bienes, como cabría esperar de tales actos administrativos.

Las autoridades del Estado son plenamente conscientes de las dificultades inherentes a la salvaguardia del patrimonio cultural inmaterial. Para dar respuesta a estos problemas, en 2015 se elaboró el Plan Especial de Salvaguardia del Patrimonio Cultural Inmaterial, cuyo objetivo principal es fomentar una actuación coordinada entre los distintos poderes públicos y agentes implicados en la conservación, mejora y promoción de este tipo de patrimonio en España. Uno de los riesgos identificados en dicho Plan es, precisamente, la descoordinación entre las Administraciones públicas y los portadores de los bienes culturales. Para mitigar esta problemática, el Plan propone la realización de un «trabajo consistente y constante de colaboración»,

---

[342] La declaración de Manifestación Representativa del Patrimonio Cultural Inmaterial parte del reconocimiento de esta figura como medida de protección y salvaguarda, implica su inscripción por las autoridades estatales en el Inventario General de Patrimonio Cultural Inmaterial; las autoridades públicas velarán para que mantengan los valores que justificaron su declaración y, con esta finalidad, adoptarán medidas adecuadas ajustadas a las características de cada manifestación y a sus comunidades portadoras. URL: https://www.portalinmaterial.cultura.gob.es/pci-nacional.html [13-05-2025].

[343] España también cuenta, como se ha señalado, con veintidós elementos del Patrimonio Inmaterial Internacional de la UNESCO, en parte coincidentes con los reconocidos a nivel nacional. A estos elementos hay que sumar los que están protegidos a nivel autonómico. Dentro del régimen jurídico del patrimonio inmaterial hay que tener en cuenta también las leyes de caso único; es el caso de Ley Valenciana 13/2005, del Misteri d'Elx.

[344] Cfr. MARZAL, Reyes, *El patrimonio cultural inmaterial, op. cit.,* pp. 162 y ss.; López BENÍTEZ, Mariano, *Dos miradas jurídicas sobre las celebraciones de la Semana Santa: La Semana Santa como fiesta de interés turístico y como bien cultural,* en «Revista Andaluza de Administración Pública» n. 91, enero-abril 2015, pp. 160 y ss, y p. 175.

subrayando en particular el papel relevante de las entidades religiosas[345]. A pesar de esta declaración, no se incluyó a ningún experto religioso ni autoridad eclesiástica en la comisión de elaboración del Plan. La eficacia del Plan dependerá, en última instancia, de la concreción de dichos mecanismos de cooperación.

Las manifestaciones del patrimonio inmaterial, incluidas aquellas de naturaleza religiosa, pueden ser declaradas fiestas de interés turístico, ya sea a nivel regional, nacional o internacional si reúnen los requisitos exigidos. Esta distinción, de carácter honorífico y vinculada a las políticas administrativas de fomento, se otorga a celebraciones que constituyen expresiones de valores culturales con una arraigada tradición popular, prestando especial atención a sus características etnológicas y a su relevancia como atractivo turístico[346]. Según la Memoria anual de la Conferencia Episcopal española, actualmente existen 97 fiestas religiosas declaradas de interés turístico nacional y 46 de interés turístico internacional, entre las que destacan las fiestas patronales y romerías, además de las 167 celebraciones de la Semana Santa de distintas localidades declaradas de interés turístico[347]. De nuevo, la colaboración entre autoridades civiles y eclesiásticas es imprescindible, tanto para gestionar la solicitud de declaración, mediante la presentación de la documentación requerida, como para asegurar el mantenimiento y promoción de la festividad. En la medida en que están implicados elementos religiosos y profanos, pueden surgir tensiones entre estos dos aspectos, como sucedería en el caso de que la autoridad eclesiástica decidiera modificar algún elemento de la fiesta para adaptarla a normas litúrgicas[348]. No obstante, al tratarse de un patrimonio vivo, se entiende que la evolución es parte de la naturaleza dinámica del bien inmaterial y en la práctica, se busca el acuerdo entre autoridades civiles y eclesiásticas para introducir cambios, ya que ambas se benefician de la declaración de fiesta de interés turístico: la Iglesia, porque es una ayuda para salvaguardar fiestas religiosas, y las autoridades civiles, porque un reclamo turístico contribuye a la difusión y promoción del lugar[349].

---

[345] Cfr. pp. 24 y 27 del Plan Nacional, disponible en la página web del Portal inmaterial cit.

[346] Orden ICT/851/2019, de 25 de julio, por la que se regula la declaración de fiestas de interés turístico nacional e internacional, BOE de 7 de agosto de 2019, artículo 2. Por su carácter honorífico no conlleva ventajas de tipo económico, aunque suele ser mérito para la atribución de ayudas y subvenciones públicas, lo que plantea el problema de identificar a los beneficiarios de esas ayudas. Cfr. López Benítez, Mariano, *Dos miradas jurídicas sobre las celebraciones de la Semana Santa: La Semana Santa como fiesta de interés turístico y como bien cultural, op. cit.,* pp. 155-156.

[347] La información se halla en el resumen de la memoria de la Iglesia católica en España, de abril de 2025, publicado en la página web de la Conferencia Episcopal española.

[348] Vid. a este respecto lo señalado en el apartado III.1, *supra*, sobre los problemas que plantea la gestión conjunta de bienes culturales inmateriales.

[349] Sobre algunas situaciones que han provocado controversias, vid. Aldanondo, Isabel, *Régimen jurídico del patrimonio cultural inmaterial religioso, op. cit.*, pp. 550 y ss.

2. PATRIMONIO DOCUMENTAL

El patrimonio cultural documental y archivístico se considera un patrimonio especial porque su conservación, gestión y función tienen características particulares, derivadas de la naturaleza de estos bienes. Como consecuencia, además de los problemas a que se enfrenta el patrimonio histórico-artístico en general, el patrimonio documental afronta desafíos específicos, de los que ahora solo es posible mencionar algunos de los más relevantes.

La conservación de los bienes de valor cultural representa una preocupación transversal a todos los componentes del patrimonio; sin embargo, en el caso de los documentos, esta labor adquiere una complejidad particular. Esta particularidad no deriva únicamente de la fragilidad de su soporte material, sino también de la necesidad de que los documentos estén debidamente clasificados y guardados en archivos organizados. De lo contrario, no podrían cumplir adecuadamente su función de testimoniar y transmitir hechos históricos. Por esta razón, la normativa suele contemplar tanto la protección de los documentos como la de los archivos que los albergan.

La gestión de los documentos y archivos ha resultado profundamente afectada por la implantación de la Administración electrónica, sobre todo en lo relativo al tratamiento digital de los documentos. Este escenario plantea retos considerables, ya que el actual universo digital dista mucho del entorno normativo y técnico vigente en el momento en que se formularon las principales disposiciones relativas al patrimonio documental.

Las técnicas de digitalización y los nuevos modelos de gestión documental ofrecen una oportunidad única para reforzar las estrategias de conservación y acceso, pero estas tareas requieren una cantidad de recursos humanos y materiales que no siempre están accesibles[350]. No hay que olvidar, además, que la concepción historicista de los archivos y documentos ha evolucionado hacia otra que también tiene en cuenta el derecho de todos los ciudadanos de acceder a los documentos que poseen valor histórico y cultural. En este ámbito, adquiere una singular relevancia la necesidad de garantizar el respeto del derecho a la privacidad de los ciudadanos y la protección de los datos personales. A esta situación se suma la profusión y heterogeneidad de la normativa relativa a los documentos que integran el patrimonio documental, así como a los archivos en los que estos se organizan.

---

[350]   En esta dirección pueden mencionarse dos iniciativas del Ministerio de Cultura: HISPANA, que reúne las colecciones digitales de archivos, bibliotecas y museos españoles, en las que destacan los repositorios institucionales de Universidades y otras instituciones públicas; y PARES, que es la principal plataforma de difusión del Patrimonio Histórico Documental Español; contiene fichas descriptivas e imágenes digitalizadas de los fondos documentales conservados en los Archivos Estatales.

Tanto la LPHE como las leyes autonómicas sobre patrimonio cultural incluyen disposiciones específicas en materia de documentos y archivos, pero también existe un extenso cuerpo de legislación sectorial que incide en esta materia[351].

En este contexto se sitúa la protección del patrimonio documental eclesiástico. Los archivos de la Iglesia católica, al margen de su importancia en el ámbito interno de la confesión, tienen un valor y relevancia que excede la esfera religiosa, por la antigüedad de su origen y la amplitud de su contenido. A lo largo de los siglos, la Iglesia ha conservado una ingente cantidad de documentos de muy variada índole, muchos de ellos de épocas en que la preocupación por la conservación y archivo de documentos civiles no era tan intensa[352]. Los archivos eclesiásticos tienen, en general, una continuidad en el tiempo, por lo que proporcionan datos históricos valiosos de épocas en que aún no se había establecido un sistema de registros civiles, lo que los convierte en una fuente privilegiada de historia no solo de la Iglesia, sino de la comunidad en su conjunto. En España, además, los períodos de confesionalidad católica determinaron una interrelación estrecha entre poder civil y eclesiástico, lo que dota a los documentos eclesiásticos de un valor significativo también para la historia civil de España[353]. Su preservación, por tanto, no es un asunto exclusivamente interno de las entidades eclesiásticas, sino que incumbe a toda la sociedad.

---

[351] Esto es así hasta el punto de que el Ministerio de Cultura ha elaborado un Código de Archivos y Patrimonio Documental que, a pesar de tener más de 2.400 páginas, no contiene la normativa autonómica de rango inferior a ley, ni la normativa europea, ni la de acceso a archivos de ámbito sectorial.

[352] Señala B. Palacios que, para entender el papel de la Iglesia como productora de documentos, «parece interesante recordar cómo ésta fue desarrollando su propia jurisdicción tras el reconocimiento del Edicto de Milán. En efecto, a partir de esa fecha los emperadores fueron otorgando a las curias episcopales facultades y atribuciones de carácter político: como el privilegio del foro, por el que los tribunales eclesiásticos tenían capacidad para entender en los asuntos del clero y en los de aquellos laicos que se acogieran a él; o la capacidad para registrar, con valor público, la emancipación de esclavos, los testamentos, matrimonios, etc. Estos privilegios se habían otorgado al clero católico con el fin de equipararlo a los sacerdotes paganos. Pero de hecho se convirtieron en la base de una jurisdicción eclesiástica que no haría sino crecer en los siglos siguientes, debido a la desintegración de la organización administrativa y judicial romana, lo que en ocasiones obligaba a la población a llevar sus asuntos a los órganos eclesiásticos, que con frecuencia eran los únicos que seguían en funcionamiento. En consecuencia, esos órganos se convirtieron en centros importantes de recepción y, sobre todo, de emisión de documentos. Las curias episcopales crearon su propia cancillería, algunas de las cuales alcanzaron un alto nivel de desarrollo». PALACIOS, Bonifacio, *La Iglesia medieval: su documentación,* en Serrano Mota, Almudena y García Ruipérez, Mariano (coords.), «El patrimonio documental. Fuentes documentales y archivos», Ediciones Universidad de Castilla-La Mancha, 1999, p.14.

[353] Cfr. RAMÍREZ NAVALÓN, Rosa, *Importancia de los archivos eclesiásticos en el patrimonio documental español,* en Ramírez Navalón, Rosa (coord.), «Régimen económico y patrimonial de las confesiones religiosas», *op. cit.,* pp. 343-344.

Las autoridades eclesiásticas manifestaron su interés por estos instrumentos dictando normas sobre los archivos desde la Edad Media[354], una preocupación que se mantiene hasta la actualidad[355]. El Código de Derecho Canónico vigente contiene normas generales sobre la conservación de los documentos y archivos, recogidas principalmente en los cánones 486 a 491. Respecto de los documentos de valor histórico, solo están contemplados en el canon 491 §2, que dispone: «cuide también el Obispo diocesano de que haya en la diócesis un archivo histórico, y de que en él se guarden con cuidado y se ordenen de modo sistemático los documentos que tengan valor histórico». Se remite, en el apartado siguiente, a las normas dictadas por el Obispo para el examen o estudio de estos documentos. Siguiendo esta previsión codicial, y sobre todo, movidas por la necesidad de garantizar la correcta gestión de los documentos y archivos, las diócesis han dictado sus propias normas sobre este particular[356].

El patrimonio documental eclesiástico en España es amplio, como lo es el número de parroquias y otras entidades de la Iglesia que cuentan con archivos. Para contribuir a preservar esta parte del patrimonio se creó en 1971 una Asociación Nacional de Archiveros y Bibliotecarios Eclesiásticos[357]. En el seno de esta Asociación se aprobó en 1976 un Reglamento de Archivos Eclesiásticos[358], que facilitó la publicación de una guía con todos los archivos de la Iglesia en España[359].

Los documentos eclesiásticos de valor cultural, como los demás bienes del patrimonio histórico artístico, están sometidos a la normativa estatal sobre patrimonio. La

---

[354] Vid. sobre esta cuestión CANO, Isabel, *Patrimonio documental y estatuto jurídico de los archivos eclesiásticos,* en Vega Gutiérrez, Ana M., *et alt.* (coords.), «Protección del patrimonio cultural de interés religioso. Actas del V Simposio Internacional de Derecho Concordatario», *op. cit.,* pp. 179 y ss. Las autoridades eclesiásticas establecieron también un sistema de registro que fue después seguido por las autoridades civiles. Cfr. PALACIOS, Bonifacio, *La Iglesia medieval: su documentación, op. cit.,* p. 18.

[355] Era mucho más amplio, pero las guerras y las desamortizaciones lo hicieron disminuir considerablemente. Cfr. HERRERA, Enrique, *El patrimonio documental y archivístico de la Iglesia católica,* en Roca, M. José y Godoy, Olaya, (coords.), «Tutela jurídica del patrimonio cultural», *op. cit.,* p. 202.

[356] Cfr. CANO, Isabel, *Patrimonio documental y estatuto jurídico de los archivos eclesiásticos, op. cit.,* p. 187.

[357] Su denominación actual es Asociación de Archiveros de la Iglesia en España. Cfr. URL: https://scrinia.org/asociacion/historia/ [13-05-2025].

[358] Aprobado por la Conferencia Episcopal Española en su XXIV Asamblea Plenaria, 23-28 febrero de 1976.

[359] Cfr. *Guía de los Archivos de la Iglesia en España*. La guía, dirigida por José M. Martí Bonet, es una producción del Archivo Diocesano de Barcelona para la Asociación de Archiveros de la Iglesia en España con la colaboración del Ministerio de Educación, Cultura y Deporte. La edición actual de la Guía es de 2001; se encuentra en proceso de revisión para su actualización. Contiene la descripción detallada de los ciento setenta archivos eclesiásticos mayores de España (los catedralicios, los diocesanos, los monásticos y los conventuales) y una aproximación al elenco de los primeros registros de los libros de bautismo, confirmación, matrimonios, defunciones y de fábrica de los 23.000 archivos parroquiales que pertenecen a las sesenta y siete diócesis de la Iglesia en España.

LPHE utiliza dos criterios para determinar qué documentos forman parte del patrimonio: el origen y la antigüedad[360]. Si los documentos proceden de organismos públicos o entidades que intervienen en la gestión de los servicios públicos, se integran en el patrimonio cualquiera que sea su antigüedad. Si son generados, conservados o reunidos en el ejercicio de sus funciones por entidades de carácter político, sindical o religioso, o por entidades culturales y educativas privadas, forman parte del patrimonio si tienen más de cuarenta años. Finalmente, cualquier tipo de documento generado, conservado o reunido por una persona física o jurídica formará parte del patrimonio si tiene más de cien años. Además, el Estado puede declarar parte del patrimonio documental aquellos documentos que, sin alcanzar la antigüedad indicada en la Ley merezcan tal consideración

Por consiguiente, se consideran parte del patrimonio documental español todos los documentos de más de cuarenta años de antigüedad generados, conservados o reunidos por entidades de la Iglesia católica[361]. Sin embargo, en sentido estricto, no todos ellos integran el patrimonio documental eclesiástico. Un número significativo de documentos originados por entidades eclesiásticas se halla actualmente en poder del Estado como consecuencia, principalmente, de las desamortizaciones del siglo XIX[362]. La conservación, exhibición y acceso a estos documentos está sujeta a las normas

---

[360] Cfr. artículo 49; este artículo dispone que se entiende por documento toda expresión en lenguaje natural o convencional, y cualquier otra forma gráfica, sonora o en imagen recogida en cualquier tipo de soporte, incluidos los soportes informáticos. El artículo 59.1 define los archivos como «los conjuntos orgánicos de documentos, o la reunión de varios de ellos, reunidos por las personas jurídicas públicas o privadas, en el ejercicio de sus actividades, al servicio de su utilización para la investigación, la cultura, la información y la gestión administrativa. Asimismo, se entienden por Archivos las instituciones culturales donde se reúnen, conservan, ordenan y difunden para los fines anteriormente mencionados dichos conjuntos orgánicos».

[361] Los archivos en que se reúnen los documentos eclesiásticos pueden ser de distintos tipos. Destacan, por su contenido, los ya mencionados archivos capitulares o catedralicios, los diocesanos, los parroquiales y los monásticos. En ocasiones, estos archivos conservan, además de la documentación propia, fondos de otras instituciones desaparecidas o depositados por particulares. Cfr. PALACIOS, Bonifacio, *La Iglesia medieval: su documentación, op. cit.,* pp. 18 y ss. Sobre la tipología de los archivos eclesiásticos, vid. también DE LA CRUZ HERRANZ, Luis M., *Documentación eclesiástica no pontificia* en Galende, Carlos, (dir.), «La diplomática y sus fuentes documentales», Madrid, Árbore Académica, 2020, pp. 127 y ss.

[362] Parte de este patrimonio se conserva en el Archivo Histórico Estatal, sección del Clero, Órdenes Militares, Códices y Cartularios y Silografías. En este Archivo, según la información proporcionada por el Gobierno, se conservan 2090 fondos documentales del clero regular (1382 de órdenes masculinas y 708 de femeninas) correspondientes a 26 órdenes religiosas; del clero secular, 96 fondos de catedrales y 2011 de iglesias parroquiales, colegiatas y ermitas, y 110 fondos de hospitales de instituciones pías y asistenciales. A ello hay que añadir los archivos de 11 conventos de las Órdenes Militares hispánicas (Santiago, Calatrava, Alcántara y Montesa) y la amplia documentación de la Orden de San Juan de Jerusalén. (URL: https://www.cultura.gob.es/cultura/areas/archivos/mc/archivos/ahn/fondos-documentales/introduccion.html [13-05-2025]).

de la institución o entidad en que están depositados, sin que la Iglesia católica tenga capacidad de disposición sobre ellos. Por tanto, el patrimonio documental eclesiástico lo integran únicamente los documentos que están en poder de las instituciones de la Iglesia. De acuerdo con este criterio, y en sentido inverso, forman parte del patrimonio documental eclesiástico los documentos civiles que la Iglesia hubiera recibido por título legítimo, como el legado o la donación de un archivo que pase a pertenecer a una entidad eclesiástica. Estaríamos en este caso ante documentos no eclesiásticos pertenecientes o conservados por la Iglesia, que es la que se ha de encargar de su custodia y conservación.

Los documentos que forman parte del patrimonio histórico español, como todos los demás bienes pertenecientes al patrimonio, deben estar accesibles para consulta y estudio, y si es el caso, también para la contemplación por el público en general, puesto que determinados documentos pueden tener un interés general, más allá de la utilización con fines de investigación o estudio. En la regulación de este derecho de acceso se observa una discrepancia entre la normativa de la Iglesia y la del Estado. El Reglamento de Archivos Eclesiásticos establece un plazo de 75 años para el libre acceso a los documentos de la Iglesia[363]. Conforme a la LPHE, sin embargo, los documentos eclesiásticos de más de 40 años de antigüedad, o los que sin alcanzar esa antigüedad sean incluidos por la Administración en el patrimonio cultural por su singular relevancia, serán de libre acceso[364]. Un sector de la doctrina recuerda que el artículo I-6 del Acuerdo sobre Asuntos Jurídicos establece la inviolabilidad de los archivos y documentos eclesiásticos, incluyendo los de valor cultural, porque el Acuerdo no hace diferencias entre documentos[365]. Por motivos de jerarquía normativa, y por aplicación específica de la disposición adicional séptima de la LPHE, que dispone la sujeción de la Administración a los tratados internacionales válidamente celebrados por España, la norma del Acuerdo prevalece sobre las disposiciones de la LPHE[366].

Sin perjuicio de la inviolabilidad establecida en el Acuerdo, la armonización de la normativa eclesiástica y estatal sobre el derecho de acceso es posible aplicando las excepciones que ambas prevén en el acceso a los documentos del patrimonio cultural. El Reglamento de Archivos Eclesiásticos establece que el plazo de 75 años puede ser flexible —y, por tanto, reducirse— si el responsable del archivo considera que no hay peligro en la consulta[367]. La LPHE, por su parte, exceptúa del libre acceso a los documentos de más de 40 años los que no deban ser públicamente conocidos por

---

[363] Cfr. artículo 3 del Reglamento de Archivos Eclesiásticos. Vid. sobre esta cuestión ALDANONDO, Isabel, *Aspectos jurídicos de los archivos eclesiásticos, op. cit.*, pp. 19 y ss.

[364] Cfr. artículo 49 de la LPHE.

[365] Cfr. artículo I.6.

[366] Cfr. CANO, Isabel, *Patrimonio documental y estatuto jurídico de los archivos eclesiásticos, op. cit.*, pp. 191-192.

[367] Cfr. artículo 3.1.6 del Reglamento.

disposición expresa de la Ley, entre los que pueden incluirse los archivos eclesiásticos protegidos por el Acuerdo[368]. En consecuencia, cuando hayan transcurrido más de cuarenta años y no exista ninguna circunstancia que desaconseje su exhibición, la autoridad eclesiástica puede facilitar el acceso a los documentos eclesiásticos. Si por algún motivo la autoridad eclesiástica considera que el documento no debe estar accesible, podrá para ello ampararse en la inviolabilidad de los documentos de la Iglesia establecida en el Acuerdo.

Como todas las demás entidades públicas y privadas, la Iglesia se enfrenta actualmente al doble reto de digitalizar sus documentos históricos, para lograr una mejor y más segura preservación, y una mayor facilidad de acceso, y de incorporar tecnologías digitales para la creación y conservación de los nuevos documentos. La digitalización es, sin duda, una solución eficiente para ampliar el acceso público a los archivos sin comprometer la integridad física de los documentos. Sin embargo, este proceso plantea dificultades, como la autenticación digital y la preservación de formatos obsoletos, y, sobre todo, requiere una inversión considerable, así como superar resistencias o generalizar la capacidad de manejar las herramientas necesarias para obtener el fin pretendido. A pesar de estos obstáculos, se han producido avances importantes en este campo. Entre ellos, destaca la creación de un *software* específico para la elaboración, gestión y conservación de documentos eclesiásticos. Esta innovación supone una previsión a futuro, asegurando que los documentos se conservan en condiciones adecuadas y con las debidas garantías.

---

[368]   Cfr. artículo 57 de la LPHE. Cfr. ALDANONDO, Isabel, *Aspectos jurídicos de los archivos eclesiásticos, op. cit.,* p. 34.

BIBLIOGRAFÍA

ALDANONDO, Isabel, *El marco constitucional, libertad religiosa y tutela de los bienes culturales,* en Rossell, Jaime y García, Ricardo (coords.), «Derecho y Religión», Valencia, Edisofer, 2020, pp. 607 y ss.

— *El patrimonio cultural de las confesiones religiosas en España,* en «Derecho y Religión», n. 5, 2010, pp. 147 y ss.

— *La interpretación jurisprudencial sobre la coordinación entre valor de cultura y valor de culto en la sentencia del Tribunal Supremo de 10 de febrero de 2009,* en «Patrimonio Cultural y Derecho», n. 13, 2009, pp. 205 y ss.

— *Nueva controversia en torno a los bienes culturales del Monasterio de Sijena: las pinturas murales de la sala capitular,* en Roca, M. José, y Godoy, Olaya (coords.), «Patrimonio histórico-artístico de la Iglesia Católica. Régimen jurídico de su gestión y tutela», Valencia, Tirant lo Blanch, 2018, pp. 519 y ss.

— *Patrimonio histórico, artístico y documental,* en AA. VV. «Acuerdos Iglesia - Estado español en el último decenio», Barcelona, Bosch, 1987

— *Régimen jurídico del patrimonio cultural inmaterial religioso,* en «Anuario de Derecho Eclesiástico del Estado», XXXIX, 2023, pp. 527 y ss.

ALEGRE ÁVILA, Juan M., *Evolución y régimen jurídico del patrimonio histórico,* Madrid, Ministerio de Cultura, 1994

— *Observaciones para la revisión de la Ley del Patrimonio Histórico Español de 1985,* en «Revista Patrimonio Cultural y Derecho», n. 3, 2009, pp. 11 y ss.

ALLARL-CHÉRIF, Oihab, *Intelligent cathedrals: Using augmented reality, virtual reality, and artificial intelligence to provide an intense cultural, historical, and religious visitor experience,* en «Technological Forecasting & Social Change», n. 178, 2022, 121604

ALONSO IBÁÑEZ, Rosario, *La tercera generación de leyes de patrimonio histórico,* en «Revista Patrimonio Cultural y Derecho», n. 18, 2014, pp. 11 y ss.

ÁLVAREZ ÁLVAREZ, José L., *El patrimonio cultural: de dónde venimos, donde estamos, a donde vamos,* en «Revista Patrimonio Cultural y Derecho», n. 1, 1997, pp. 15 y ss

ÁLVAREZ CORTINA, Andrés C., *Bases para una cooperación eficaz Iglesia-Estado en defensa del patrimonio histórico, artístico y cultural,* en «Ius Canonicum», n. 25, 1985, pp. 293 y ss.

— *Destino al culto y valor cultural (concurrencia y conflicto),* en Álvarez Cortina, Andrés C. y Rodríguez Blanco, Miguel (coords.), «La religión en la ciudad», Granada, Comares, 2012, pp. 75 y ss.

ANGUITA, Luis, *Reflexiones sobre la ley 16/1985, de 25 de junio, del patrimonio histórico español,* en Roca, M. José y Godoy, Olaya, (coords.), «Tutela jurídica del patrimonio cultural», Valencia, Tirant lo Blanch, 2021, pp. 67 y ss.

AZNAR GIL, Federico, *La propiedad de los bienes artísticos de las parroquias: análisis del conflicto entre las diócesis de Lérida y Barbastro-Monzón,* en Ramírez Navalón, Rosa (coord.), «Régimen económico y patrimonial de las confesiones religiosas», Valencia, Tirant, 2010, pp. 242 y ss.

BARRERO, Concepción, *La reforma de la Ley de Patrimonio Histórico ante el decimoquinto aniversario de su aprobación,* en «Patrimonio Cultural y Derecho», n. 13, 2009, pp. 35 y ss.

BENEYTO, Remigio, *Declaración de interés cultural del Corpus Christi en Valencia,* en Martínez-Torrón, Javier, *et alt.* (coords.), «Religión, Matrimonio y Derecho ante el siglo XXI», vol. I, Comares, Granada, 2012, pp. 1215 y ss.

BONET, Jaime, *El turismo religioso y el patrimonio religioso inmaterial. Aproximación al estudio de su presencia en la legislación española,* Ramírez Navalón, Rosa (coord.), «Régimen económico y patrimonial de las confesiones religiosas», Valencia, Tirant, 2010, pp. 379 y ss.

CABALLERO, Rafael, *Títulos constitucionales y técnicas administrativas de intervención del Estado en el patrimonio histórico-artístico de titularidad eclesiástica,* en Roca, M. José y Godoy, Olaya, (coords.), «Patrimonio histórico-artístico de la Iglesia Católica. Régimen jurídico de su gestión y tutela», Valencia, Tirant lo Blanch, 2018, pp. 175 y ss.

CAMPOS Y FERNÁNDEZ DE SEVILLA, Javier, *El patrimonio inmaterial de la cultura cristiana,* San Lorenzo del Escorial, Ediciones Escurialenses, 2013

CANO, Isabel, *Patrimonio documental y estatuto jurídico de los archivos eclesiásticos,* en Vega Gutiérrez, Ana M., *et al.* (coords.), «Protección del patrimonio cultural de interés religioso. Actas del V Simposio Internacional de Derecho Concordatario», Granada, Comares, 2012, pp. 177 y ss.

CARBALLEIRA, M. Teresa, *El sello de patrimonio europeo. Una acción entre cultura y ciudadanía,* en «Revista Vasca de Administración Pública», n. 106, 2016, pp. 295 y ss.

CASTRO, M. Pilar y ÁVILA, Carmen M., *La salvaguardia del patrimonio inmaterial: Una aproximación a la reciente Ley 20/2015,* en «Revista sobre Patrimonio Cultural» (RIIPC), n. 5-6, 2015, pp. 89 y ss.

CEBRIÁ, María, *Los acuerdos entre las entidades locales y las confesiones religiosas,* en «Anuario de Derecho Eclesiástico del Estado», vol. XXVIII, 2012, pp. 571 y ss.

COMBALÍA, Zoila, *Jurisdicción canónica y jurisdicción civil: a propósito del conflicto de los bienes de la Franja,* en Vega Gutiérrez, Ana M. *et al.* (coords.), «Protección del patrimonio cultural de interés religioso. Actas del V Simposio Internacional de Derecho Concordatario», Actas del V Simposio Internacional de Derecho Concordatario», Granada, Comares, 2012, pp. 163 y ss.

CORRAL, Carlos y ALDANONDO, Isabel, *Nuevo Código del patrimonio cultural de la Iglesia,* Madrid, EDICE, 2016

DE LA CRUZ HERRANZ, Luis M., *Documentación eclesiástica no pontificia* en Galende, Carlos, (dir.), «La diplomática y sus fuentes documentales», Madrid, Árbore Académica, 2020, pp. 127 y ss.

GARCÍA FERNÁNDEZ, F. Javier., *La protección jurídica del Patrimonio Cultural. Nuevas cuestiones y nuevos sujetos a los diez años de la Ley de Patrimonio Histórico Español,* en «Revista Patrimonio Cultural y Derecho», n. 1, 1997, pp. 53 y ss.

— *Estudios sobre el Derecho del Patrimonio Histórico,* Madrid, Fundación Registral - Colegio de Registradores de España, 2008

GARCÍA RUIZ, Yolanda, *Patrimonio cultural de las confesiones religiosas en las Comunidades Autónomas: luces y sombras del modelo,* en «Derecho y Religión», n. 14, 2019, pp. 191 y ss.

— *Titularidad y conservación de los bienes culturales destinados al culto,* en Ramírez Navalón, Rosa (coord.), «Régimen económico y patrimonial de las confesiones religiosas», Valencia, Tirant, 2010, pp. 217 y ss.

GASPAR, Silvia, *Limitaciones a la libertad de enajenación de los bienes culturales,* en «Derecho Privado y Constitución», n. 42, 2023, pp. 49 y ss.

GOMIS CORELL, Joan C., *La música como patrimonio. La difusión como estrategia para su protección,* en Marzal, Reyes (coord.), «El valor cultural de la música. Punto de partida para el estudio del patrimonio musical», Navarra, Thomson Reuters Aranzadi, 2016, pp. 43 y ss.

GONZÁLEZ MORENO, Beatriz, *El patrimonio cultural en el Derecho europeo,* en «Derecho y Religión», n. XV, 2010, pp. 27 y ss.

— *Estado de cultura, derechos culturales y libertad religiosa,* Pamplona, Civitas, 2003

— *Los bienes culturales de interés religioso: propuestas para una reforma legislativa,* en «Anuario de Derecho Eclesiástico del Estado», vol. XII, 1996, pp. 113 y ss.

GONZÁLEZ-VARAS, Ignacio, *Conservación del patrimonio cultural. Teoría, historia, principios y normas,* 2ª ed., Madrid, Cátedra, 2018

GOTI, Juan *Los bienes culturales de la Iglesia católica,* en Revista sobre Patrimonio Cultural: Regulación, Protección Intelectual e Industrial» (RIIPAC), n. 8, 2016, pp. 178 y ss.

GUTIÉRREZ DEL MORAL, M. Jesús, *Otras normas internacionales sobre el patrimonio cultural de las confesiones religiosas,* en Vega Gutiérrez, Ana M. *et al.* (coords.), «Protección del patrimonio cultural de interés religioso. Actas del V Simposio Internacional de Derecho Concordatario», Granada, Comares, 2012, pp. 13 y ss.

HERRERA, Enrique, *El patrimonio documental y archivístico de la Iglesia católica,* en Roca, M. José y Godoy, Olaya, (coords.), «Tutela jurídica del patrimonio cultural» Valencia, Tirant lo Blanch, 2021, pp. 199 y ss.

— *La protección jurídica del patrimonio religioso en Cantabria,* Ediciones Universidad de Cantabria, 2014

HERRERA, M. Ángeles, *Protección y acceso al patrimonio eclesiástico en la Comunidad de Castilla-León,* Valencia, Edisofer, 2017

IBÁN, Iván C. y FERRARI, Silvio, *Derecho y religión en Europa Occidental,* Madrid, McGraw Hill, 1998

LABACA, Lourdes, *El patrimonio cultural de la Iglesia católica en España,* en «Revista sobre Patrimonio Cultural: Regulación, Protección Intelectual e Industrial» (RIIPAC), n. 3, 2013, pp. 53 y ss.

— *El patrimonio cultural de la Iglesia Católica en las Comunidades Autónomas. Especial referencia al País Vasco y Andalucía,* en «Revista sobre Patrimonio Cultural» (RIIPAC), n. 4, 2014, pp. 52 y ss.

— *Las festividades religiosas: manifestaciones representativas del Patrimonio Cultural Inmaterial,* en «Revista sobre Patrimonio Cultural» (RPIIC), n. 8, 2016, pp. 1 y ss.

LONGHI, Andrea, *La reutilización eclesial de las iglesias en desuso: Cuestiones históricas y críticas en el reciente documento del Consejo Pontificio para la Cultura (2018),* en «Actas de Arquitectura Religiosa Contemporánea», n. 6, 2019, pp. 218 y ss.

LÓPEZ BRAVO, Carlos, *El patrimonio cultural inmaterial en la legislación española. Una reflexión desde la Convención de la UNESCO de 2003,* en «Patrimonio cultural y Derecho», n. 8, 2004, pp. 203 y ss.

MARTÍ, José M., *La preservación de la riqueza cultural de los claustros,* en «Revista Española de Derecho Canónico», n. 76, 2019, pp. 685 y ss.

— *Patrimonio cultural e interés religioso (católico) y nuevos usos,* Madrid, Dykinson, 2021

— *Patrimonio religioso de interés cultural: protección frente a su destrucción o degradación,* en «Anuario de Derecho Eclesiástico del Estado», vol. XXXIX, 2023, 563 y ss.

MESEGUER, Silvia, *La gestión del patrimonio cultural de titularidad eclesiástica,* en Vega Gutiérrez, Ana M., *et al.* (coords.), «Protección del patrimonio cultural de interés religioso. Actas del V Simposio Internacional de Derecho Concordatario», Granada, Comares, 2012, pp. 475 y ss.

MOTILLA, Agustín, *Bienes culturales de la Iglesia Católica: Legislación estatal y normativa pacticia,* en Vega Gutiérrez, Ana M. *et al.,* (coords.), «Protección del patrimonio cultural de interés religioso. Actas del V Simposio Internacional de Derecho Concordatario», Granada, Comares, 2012, pp. 45 y ss.

— *Régimen jurídico de los bienes histórico-artísticos de la Iglesia Católica,* Madrid, Eurolex, 1995

MUSOLES, M. Cruz, *Planes nacionales para la conservación y restauración del patrimonio cultural eclesiástico,* en Ramírez Navalón, Rosa (coord.), «Régimen económico y patrimonial de las confesiones religiosas», Valencia, Tirant, 2010, pp. 291 y ss.

NIETO, Silverio, *Tensión entre destino al culto y valor cultural del patrimonio eclesiástico,* en Vega Gutiérrez, Ana M., *et al.,* (coords.),

«Protección del patrimonio cultural de interés religioso. Actas del V Simposio Internacional de Derecho Concordatario», Granada, Comares, 2012, pp. 71 y ss.

PALACIOS, Bonifacio, *La Iglesia medieval: su documentación,* en Serrano Mota, Almudena y García Ruipérez, Mariano (coords.), «El patrimonio documental. Fuentes documentales y archivos», Ediciones Universidad de Castilla-La Mancha, 1999, pp. 13 y ss.

PÉREZ DE ARMIÑÁN, Alfredo, *Una década de la Ley de Patrimonio Histórico,* en «Revista Patrimonio Cultural y Derecho», n. 1, 1997, pp. 33 y ss.

PONS-ESTEL, Catalina, *El patrimonio cultural de la Iglesia Católica en las Islas Baleares. Los convenios con las Administraciones públicas,* Granada, Comares, 2010

PORTA, Belén, *Los conflictos competenciales entre Comunidades Autónomas provocados por el traslado de bienes de la Iglesia integrantes del patrimonio histórico,* en Roca, M. José, y Godoy, Olaya (coords.), «Patrimonio histórico-artístico de la Iglesia Católica. Régimen jurídico de su gestión y tutela», Valencia, Tirant lo Blanch, 2018, pp. 129 y ss.

RAMÍREZ NAVALÓN, Rosa, *La importancia de los archivos eclesiásticos en el patrimonio documental español,* en Ramírez Navalón, Rosa (coord.), «Régimen económico y patrimonial de las confesiones religiosas», Valencia, Tirant, 2010, pp. 343 y ss.

ROCA, M. José, *La propiedad eclesiástica de bienes profanos de interés cultural: aplicación del Derecho canónico para la adquisición y extinción de personalidad jurídica y para la válida disposición de bienes en el Derecho español,* en Roca, M. José y Godoy, Olaya, (coords.),

«Patrimonio histórico-artístico de la Iglesia Católica. Régimen jurídico de su gestión y tutela», Valencia, Tirant lo Blanch, 2018, pp. 589 y ss.

RODRÍGUEZ BLANCO, Miguel, *El Plan Nacional de Catedrales: contenido y desarrollo,* en «Revista Española de Derecho Canónico», n. 60, 2003, pp. 711 y ss.

— *Libertad religiosa y confesiones. El régimen jurídico de los lugares de culto,* Madrid, Centro de Estudios Políticos y Constitucionales, 2000

— *Los Convenios entre las Administraciones Públicas y las confesiones religiosas,* Pamplona, Navarra Gráfica de Ediciones, 2003

SÁNCHEZ SÁEZ, Antonio J., *El patrimonio cultural inmaterial y las técnicas jurídico-administrativas de protección de los bienes muebles e inmuebles a él asociados,* en «Revista Española de Derecho Administrativo», n. 186, 2017, pp. 225 y ss.

SORIANO, Silvia, *Dimensión constitucional y marco competencial del patrimonio histórico-artístico en España,* en Roca, M. José y Godoy, Olaya (coords.), «Tutela jurídica del patrimonio cultural», Valencia, Tirant lo Blanch, 2021, pp. 29 y ss.

TEJÓN, Raquel, *Confesiones religiosas y Patrimonio cultural,* Madrid, Ministerio de Justicia, 2008

VALENCIA, Rafael, *Régimen jurídico de los bienes culturales eclesiásticos en Extremadura,* en «Anuario de la Facultad de Derecho de la Universidad de Extremadura» n. 24, 2006, pp. 57 y ss.

VIDAL, Mercedes, *Bienes culturales y libertad de conciencia en el Derecho Eclesiástico Español,* Universidad de Valladolid, 1999